Rosemarie Lang

Stationentraining GRIECHENLAND

Auer Verlag GmbH

Gedruckt auf umweltbewusst gefertigtem, chlorfrei gebleichtem
und alterungsbeständigem Papier.

3. Auflage 2009
Nach den seit 2006 amtlich gültigen Regelungen der Rechtschreibung

Illustrationen: Georg Amelang
Satz: Ludwig Auer GmbH, Donauwörth
Druck und Bindung: Aubele Druck GmbH, Bobingen
ISBN 978-3-403-0**3718**-7

www.auer-verlag.de

Inhaltsverzeichnis

Lehrerinformation

Schülermaterial

Anhang

Stationentraining GRIECHENLAND – eine methodische Einführung

In diesem Stationentraining können sich die Schüler weitgehend selbsttätig mit dem Thema Griechenland auseinandersetzen. Fächerübergreifend liegen die Schwerpunkte abwechselnd in Geschichte, Erdkunde, Politik, Sport, Religion, Gesellschaftslehre, Erziehung, Ethik, Kunst ...

Weitere Stationen können ohne Weiteres hinzugefügt, bestehende weggelassen werden. Selbstverständlich kann der Stoff durch andere Medien vertieft werden.

Zuerst sollte entschieden werden, ob die Schüler alleine oder mit einem Partner arbeiten. Sie können dann die Reihenfolge der Stationen bestimmen. Die zur Verfügung stehende Arbeitszeit kann individuell eingeteilt werden.

Dieses Stationentraining bemüht sich, dem Kind altersgerechte und interessante Inhalte anzubieten, und will auch durch seine Methode motivieren. Die Kinder sollen weder unter- noch überfordert werden. Deshalb enthält es jede Menge Hilfen, die zu den Lösungen hinführen. Die in den meisten Stationen enthaltene Selbstkontrolle ermöglicht es, Fehler zu erkennen und zu verbessern.

Obwohl zweifellos kopflastig, soll dadurch, dass sich die Schülerinnen und Schüler mit den Kindern der damaligen Zeit identifizieren, das Herz angesprochen werden. Beim Malen und Basteln arbeiten die Kinder mit der Hand. Zudem sind die Kinder durch das Aufsuchen der Stationen im Raum auch körperlich in Bewegung.

Einführung, Durchführung und Ergebnissicherung

Die Einführung geschieht wohl am besten frühzeitig durch Medien wie Dias, einen Film oder Reisemitbringsel von den Schülern und dem Lehrer. Auch die Mithilfe an den Vorbereitungen zum Stationentraining stimmt die Schüler ein.

Zur Durchführung sollten die Vorbereitungen abgeschlossen und die einzelnen Stationen aufgebaut sein:
Ergebnisblätter wie auch Ausschneideblätter liegen stapelweise bereit oder werden anfangs vollständig ausgeteilt.
Die Arbeitsregeln wurden besprochen, der Laufzettel kam zur Sprache: Nur fertige Stationen werden abgehakt, nicht fertige Stationen erhalten einen Pfeil und werden in der nächsten Stunde vollendet. Die Schüler richten sich genau nach den Anweisungen. Meist liegen Materialien bereit, die informieren oder zu Tätigkeiten auffordern.

Da die individuelle Arbeitszeit beträchtlich schwankt, können sich schnelle Schüler mit der Lesestation oder mit Demopoly beschäftigen.
Langsame Schüler könnten Station 7 zu Hause erledigen. Die Stationen 11 und 15 könnten übersprungen werden. Der Lehrer fungiert während der Arbeiten als Berater. Im Ergebnisblatt werden die Lösungen festgehalten.

Die Ergebnissicherung erfolgt auf dem Ergebnisblatt mit Rätseln, zu füllenden Lückentexten, Bild- und Textzuordnungen usw. Der Schüler kann diese Ergebnisse meistens selbst überprüfen und verbessern.

Die Ergebnisblätter dienen auch der späteren Lernzielkontrolle. Natürlich kann das Arbeiten selbst genauso wie auch das Heft benotet werden. Schließlich verbleiben die Blätter – liebevoll illustriert, vom Lehrer kontrolliert und vielleicht gebunden – als Griechenland-Buch im Besitz des Kindes.

Lehrer – Vorbereitung für das ...

Stationentraining GRIECHENLAND

Allgemein	Griechenland- und Europakarte im Klassenzimmer aufstellen, Ergebnisblätter von allen Stationen für alle Schüler kopieren
Station 1	Atlanten bereitlegen
Station 2	Bilder von Weg ausschneiden und laminieren, Jahreszahl- bzw. Textkärtchen ausschneiden, Vorder- und Rückseite zusammenkleben und laminieren
Station 3	Griechenland-Karte laminieren, Puzzleteile aus weißem Hintergrund sorgfältig ausschneiden, „Station 3“ nach hinten umknicken und evtl. ankleben, jetzt grobe „Drumherum-Formen“ laminieren → (Puzzleform ist dadurch außen von durchsichtigem Material umgeben, unempfindlicher und lässt sich besser handhaben.)
Station 4	Informationsblatt laminieren, Ausschneideblatt für alle Schüler kopieren
Station 5	Lückentext und Wortkärtchen laminieren
Station 6	Briefe evtl. rollen und binden
Station 7	Ausschneideblatt für alle Schüler kopieren, Lösungsteppichrolle nach Vorlage herstellen und binden
Station 8	Geld vermehren durch Kopien (**innerhalb der Rahmen** sind Vorder- und Rückseite der Demos deckungsgleich), Spielfeld, Ereigniskarten und Geld laminieren, fünf Figuren und zwei Würfel bereitlegen
Station 9	Weltkarte laminieren und zum Puzzle zerschneiden
Station 10	Text vergrößern und z. B. hinter der Tafel anbringen, Prüfe-dein-Gedächtnis-Karte laminieren, Kontrollfolien-Blatt auf Folie kopieren
Station 11	Informationskarte laminieren, Kassette mit Text besprechen, Kassettenrekorder mit Kopfhörer bereitlegen
Station 12	Quellen- bzw. Bildkarten laminieren und ausschneiden
Station 13	Informationskarten laminieren und ausschneiden
Station 14	Plakatpapier und evtl. dicke Stifte besorgen, Reisemagazine von Schülern besorgen lassen
Station 15	Bücherkiste zum Thema Griechenland durch örtliche Bücherei zusammenstellen lassen und abholen

Regeln

Eine angefangene Station soll beim nächsten Mal fertig bearbeitet werden.

Teamarbeit bis zu Dreiergruppen ist erwünscht.

Verlasse die Stationen so, wie du sie anzutreffen wünschst!

Ungestörte Atmosphäre erwünscht

Genaue Beachtung der Anweisungen erwünscht

Stationentraining GRIECHENLAND

Name: ____________________

Laufzettel

Station	Stand *in Arbeit* ⇨	*fertig* ✓	Lehrerbemerkung	Lehrersignatur
1 Wo liegt Griechenland?				
2 Der Weg durch die Geschichte Griechenlands				
3 Die Stadtstaaten des antiken Griechenland				
4 Athen, geschützt und strahlend				
5 Die Einwohner Athens				
6 Erziehung der Jungen				
7 Wie lebten die Mädchen und Frauen?				
8 Die Demokratie wurde in Athen erfunden				
9 Die Anfänge der Wissenschaften				
10 Einigkeit macht stark				
11 Griechische Götterbilder auf Tongefäßen				
12 Die Olympischen Spiele				
13 Olivenanbau – im Altertum und heute				
14 Griechenland ist eine Reise wert				
15 Lesestation				

Stationentraining
GRIECHENLAND

Station 1

Wo liegt Griechenland?

1. Suche das heutige Griechenland auf der Europakarte im Atlas!

   Tipp: Suche im Inhaltsverzeichnis unter Europa/politische Gliederung bzw. Europa/Staaten oder im Namensregister (alphabetisch)!

2. Male und zeichne auf deinem Ergebnisblatt!

   - Male das Meer in leichtem Blau aus!
   - Zeichne die Grenzen zwischen den Staaten in Rot nach!
   - Male Griechenland mit den Inseln in einer Farbe aus!

3. Löse das Rätsel!

Material:

- Schulatlas
- Ergebnisblatt
- Farbstifte und roter Faserstift

Stationentraining
GRIECHENLAND

Ergebnisblatt Station 1 | Name: ____________

Wo liegt Griechenland?

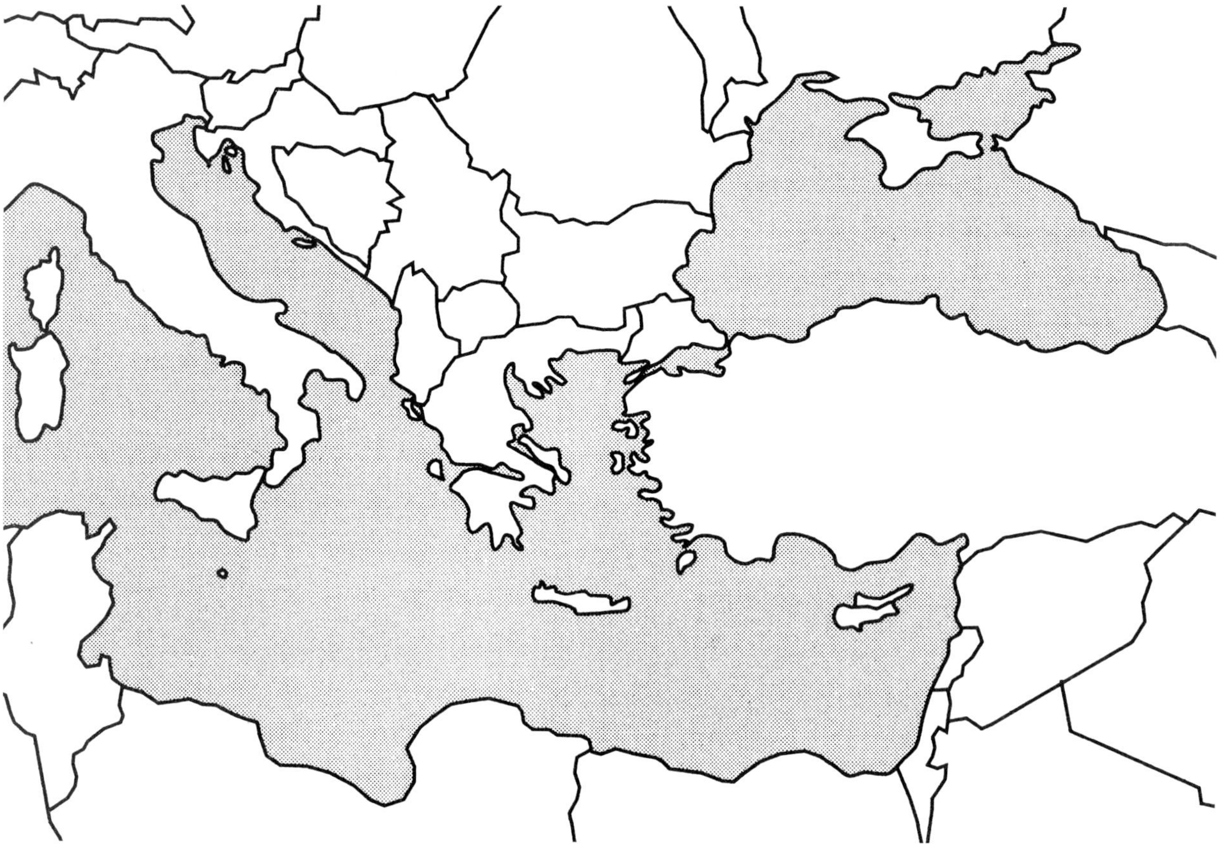

Kreuzworträtsel

Die Buchstaben in den abgedunkelten Kästchen ergeben den Namen einer griechischen Göttin.

1. Wie heißt die große Insel im Süden? Sie beginnt mit „K“.
2. Wie heißt das Meer, das Griechenland umgibt und bis Ägypten reicht?
3. Wie heißt die heutige Hauptstadt Griechenlands?
4. Wie heißt das Land westlich von Griechenland?
5. Wie heißt die große Halbinsel im Süden? Sie endet mit „s“.
6. Wie heißt das östliche Nachbarland? (beachte: ü = ue)

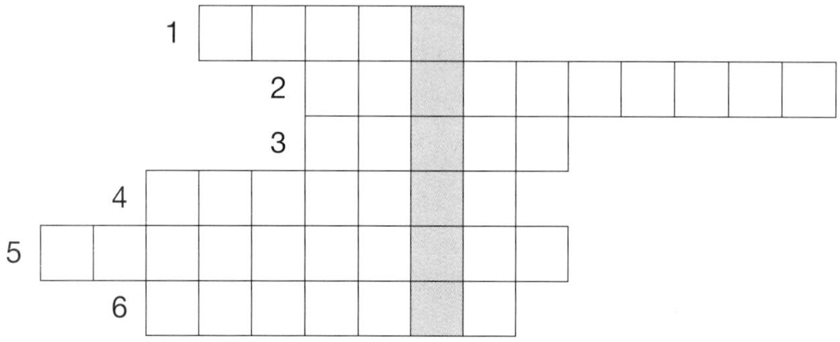

Die Göttin heißt __ __ __ __ __ __. Der Sage nach entsprang sie dem Kopf des Zeus. Sie ist die Göttin der Weisheit und des Krieges und beschützt die Stadt Athen.

Station 2

Der Weg durch die Geschichte Griechenlands

Vorbereitung: Bilde aus den vier Bildern den immer schmaler werdenden Weg in die Vergangenheit!

1. Lege die Jahreszahlenkärtchen auf die weißen Flächen! Gehe dazu von der Jetztzeit über Christi Geburt in die Vergangenheit!

   Tipp: Vor dem Jahr 0 kommt 330 v. Chr. usw.

2. Drehe die Kärtchen um! Übertrage nun **den unterstrichenen Text** – vom Beginn der griechischen Geschichte aus – auf das Ergebnisblatt!

   Beachte die Abschnitte!

Material:

- vier Bilder
- zwölf Kärtchen
- Ergebnisblatt
- Füller, Farbstifte

Stationentraining GRIECHENLAND

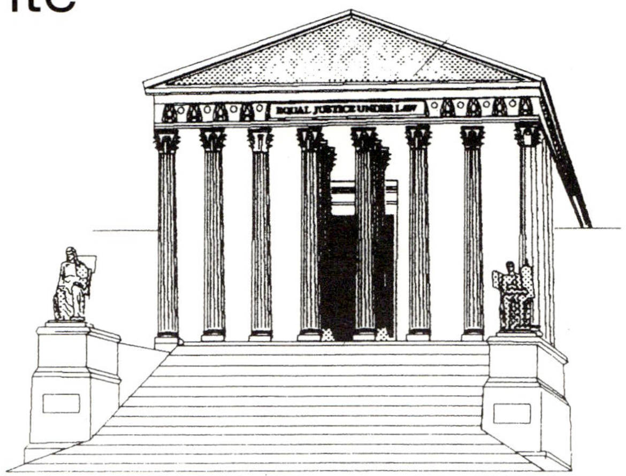

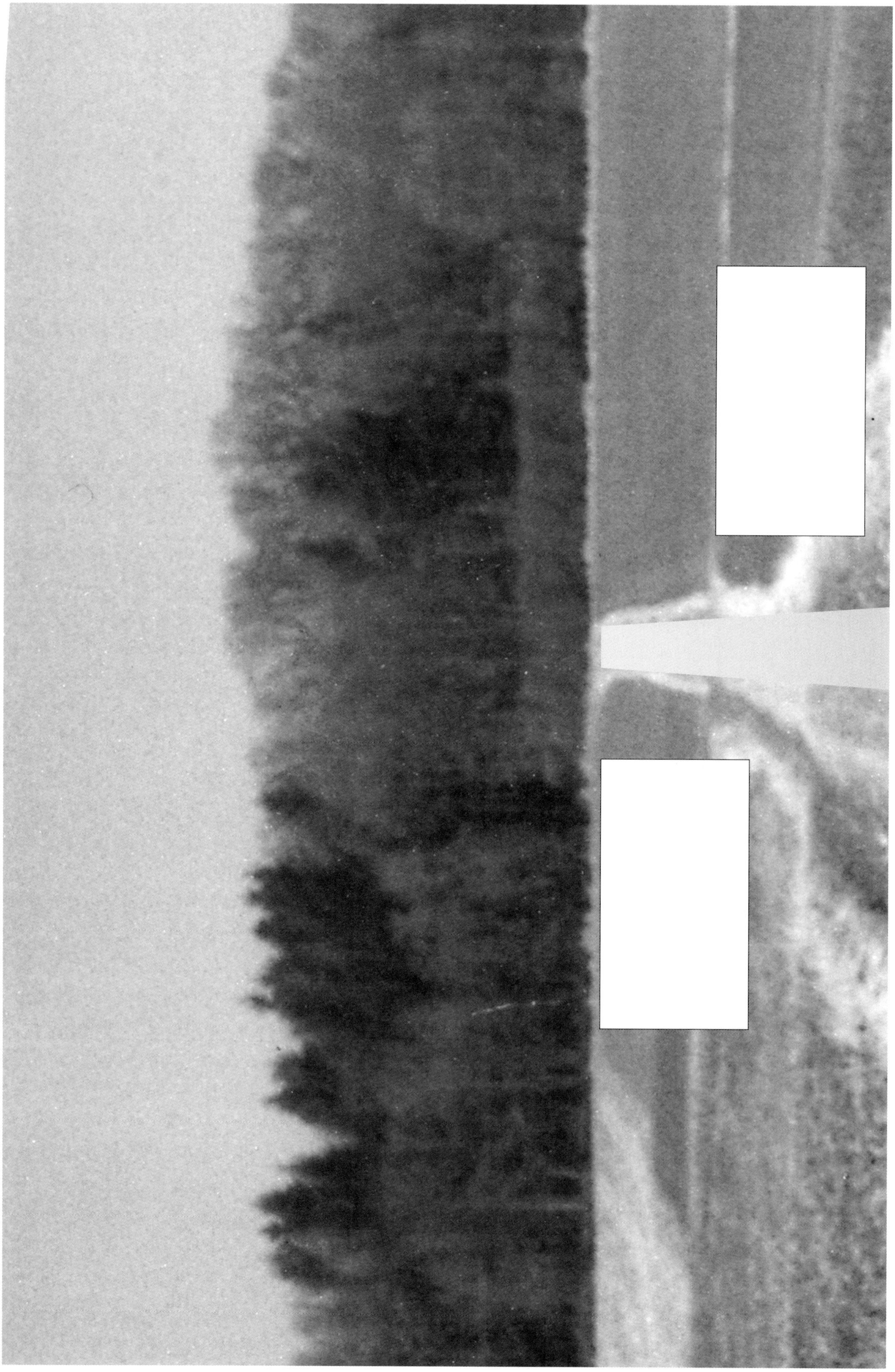

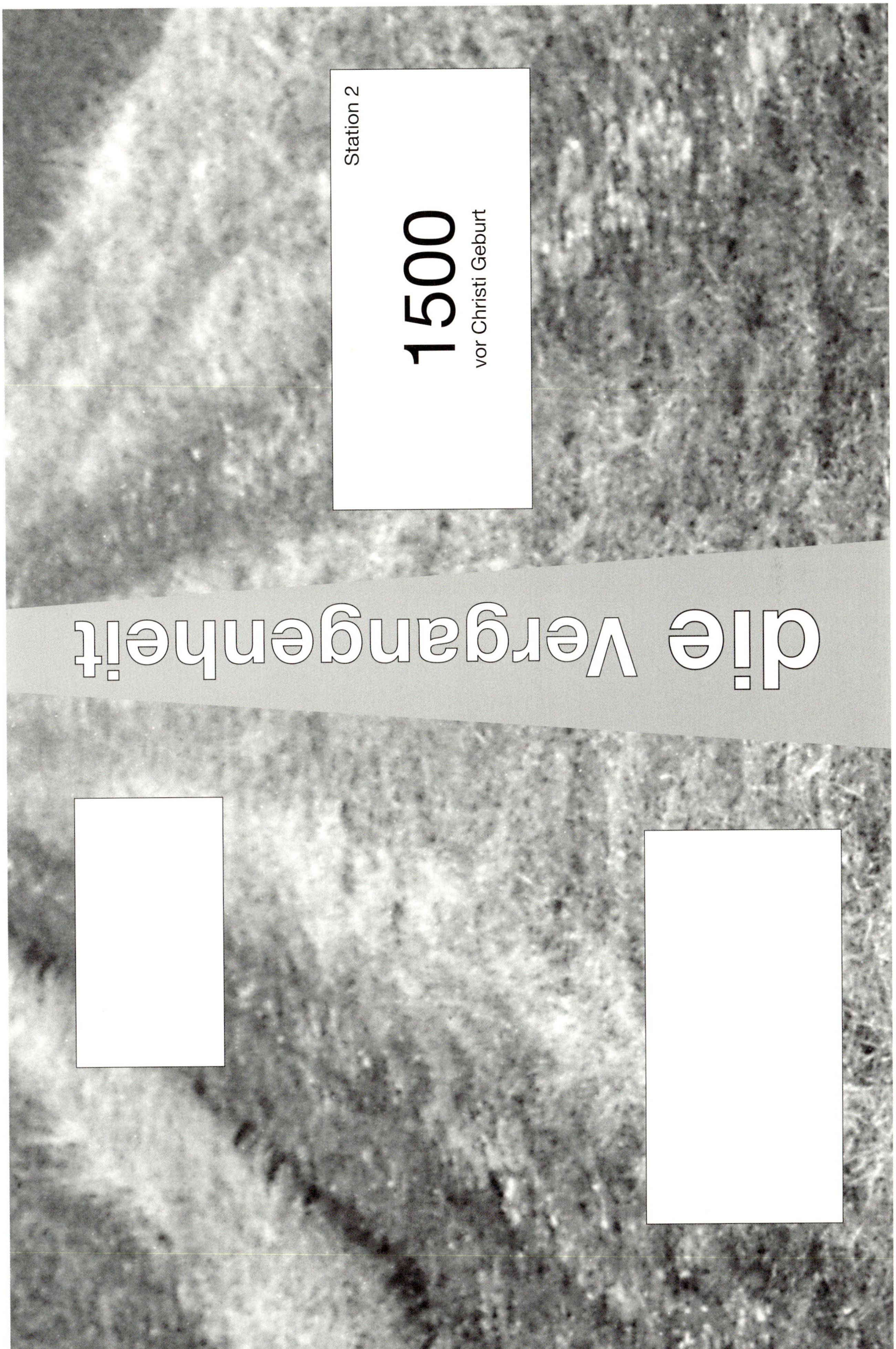
Station 2
1500
vor Christi Geburt
die Vergangenheit

gehen in

Wir
Station 2
500
nach Christi Geburt

Jahreszahl-Kärtchen

Station 2

Station 2
3000
vor Christi Geburt

Station 2
2500
vor Christi Geburt

Station 2
2000
vor Christi Geburt

Station 2
1500
vor Christi Geburt

Station 2
1000
vor Christi Geburt

Station 2
500
vor Christi Geburt

Station 2
330
vor Christi Geburt

Station 2
0

Station 2
1000
nach Christi Geburt

Station 2
2000
nach Christi Geburt

Station 2
500
nach Christi Geburt

Station 2
1500
nach Christi Geburt

Text-Kärtchen

Station 2

Die ältesten Funde

aus Griechenland

stammen etwa aus dem Jahr 3000 v. Chr.

Von **1600–1200 v. Chr.** herrschten Könige in Griechenland. Sie lebten in prächtigen Palästen. Reiche Siedlungen und imposante Burganlagen erzählen von dieser Zeit. Sie wird „mykenisch“ genannt, da die bedeutendste Burg in Mykene stand. Dort fand man eine Totenmaske aus Gold.

Nach dem Untergang der mykenischen Paläste begann ein dunkles Zeitalter, über das nur wenig bekannt ist. Handwerkliche Produkte und Bauten waren einfach. Offenbar lebten die meisten Menschen in Armut.

Ab **800 v. Chr.** bildeten sich viele unabhängige Stadtstaaten. Die bedeutendsten Mächte wurden Athen und Sparta. Es begann eine kulturelle Blütezeit, die noch das heutige Wissen beeinflusst: Philosophen versenkten sich in Fragen nach Gott und dem Sinn des Lebens. Einige von ihnen wie Pythagoras erkannten mathematische Grundregeln. Politische Denker entwickelten die Demokratie. Hippokrates suchte nach den Ursachen von Krankheiten und entwarf den auch heute noch anerkannten „Eid des Hippokrates“. Es wurden viele Komödien und Tragödien geschrieben, die an Festen aufgeführt wurden. Die Tempel der Akropolis zeigen die hohe Baukunst; Säulen und Skulpturen aus Marmor beweisen die meisterhafte Bildhauerei. Durch ständige Kriege gegeneinander verloren die großen Mächte Griechenlands um 370 v. Chr. ihre Stärke.

Von **336–323 v. Chr.** eroberte Alexander der Große Kleinasien, Ägypten und Persien. Für die Wohlhabenden und Gebildeten dieser Länder galt seitdem die griechische Sprache und Lebensweise als vorbildlich.

Ab **200 v. Chr.** wurde Griechenland von den Römern erobert. Die Römer übernahmen das Wissen der Griechen,

Griechenland wurde später Teil des Oströmischen Reiches.

Heute ist Griechenland wieder ein selbstständiger, demokratischer Staat.

ihre Götter, die Baukunst usw. Griechische Sklaven in Rom waren oft gebildeter als ihre Herren.

Ab **1400 n. Chr.** wurde es lange Zeit von den Türken beherrscht.

Ergebnisblatt Station 2 vorne | Name: ____________________

Der Weg durch die Geschichte Griechenlands

Die ältesten ____________________

____

1550 v. Chr.

Maske des Agamemnon aus Mykene

Der Dichter Homer (um 800 v. Chr.) erzählte vom Kampf um Troja und die Irrfahrten des Odysseus.

600 v. Chr.

Griechische Tragödien und Komödien wurden mit Maske gespielt.

Ergebnisblatt Station 2 hinten

Name: ____________________

530 v. Chr.

Peplos-Kore aus
der Akropolis in Athen

Durch ____________________

____

____

Von 336–323 v. Chr. ____________________

Alexander der Große

____

____

____

____

____

____

Ab 200 v. Chr. ____________________

____

____

____

____

Der römische Kaiser
Hadrian regierte von 117
bis 138 n. Chr.

Ab 1400 n. Chr. ____________________

Die griechische
Euro-Münze

____

____

____

____

Station 3

Die Stadtstaaten des antiken Griechenland

Vorbereitung: Lege die große Landkarte von Griechenland aus!

1. Lege nun jeden Stadtstaat (Puzzleteil) passend an seinen Ort auf der Landkarte! Nun weißt du, wo sich die genannten Städte befanden.

2. Schreibe dann die Städtenamen – sortiert nach den Großbuchstaben auf der Karte – auf dein Ergebnisblatt!

3. Mit den Zahlen unter den Buchstaben erhältst du den Lösungssatz.

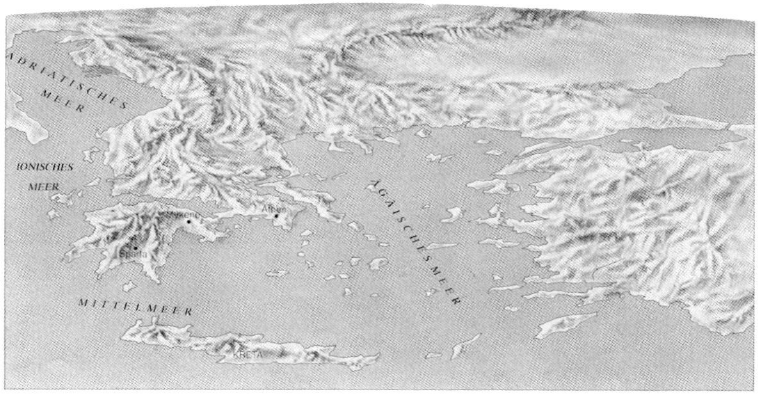

Material:

- zwei Landkarten-Teile
- 15 Stadtstaaten-Puzzleteile
- Ergebnisblatt

Stationentraining GRIECHENLAND

Puzzlebogen

Station 3

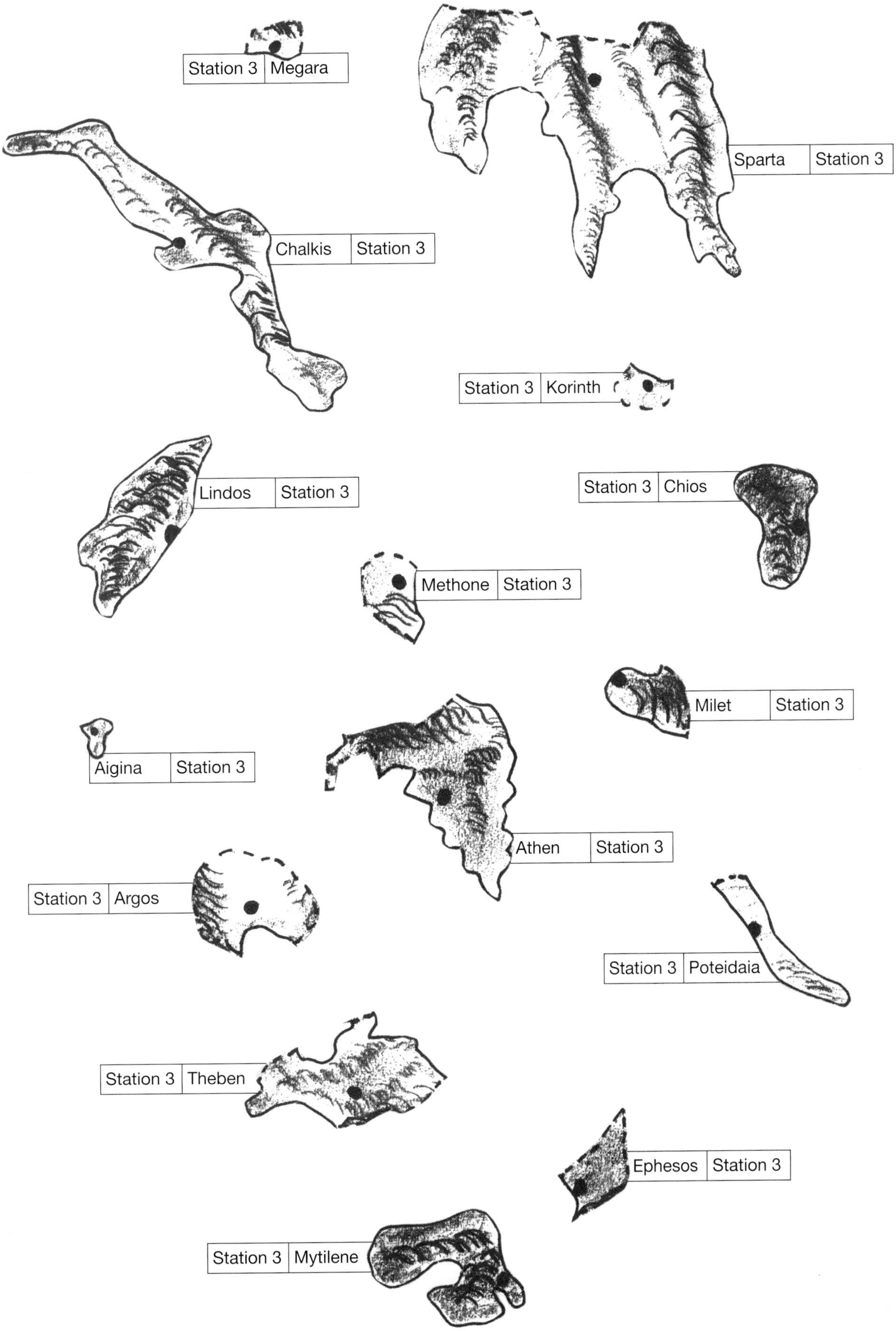
Station 3 | Megara
Sparta | Station 3
Chalkis | Station 3
Station 3 | Korinth
Lindos | Station 3
Station 3 | Chios
Methone | Station 3
Milet | Station 3
Aigina | Station 3
Athen | Station 3
Station 3 | Argos
Station 3 | Poteidaia
Station 3 | Theben
Ephesos | Station 3
Station 3 | Mytilene

Station 3

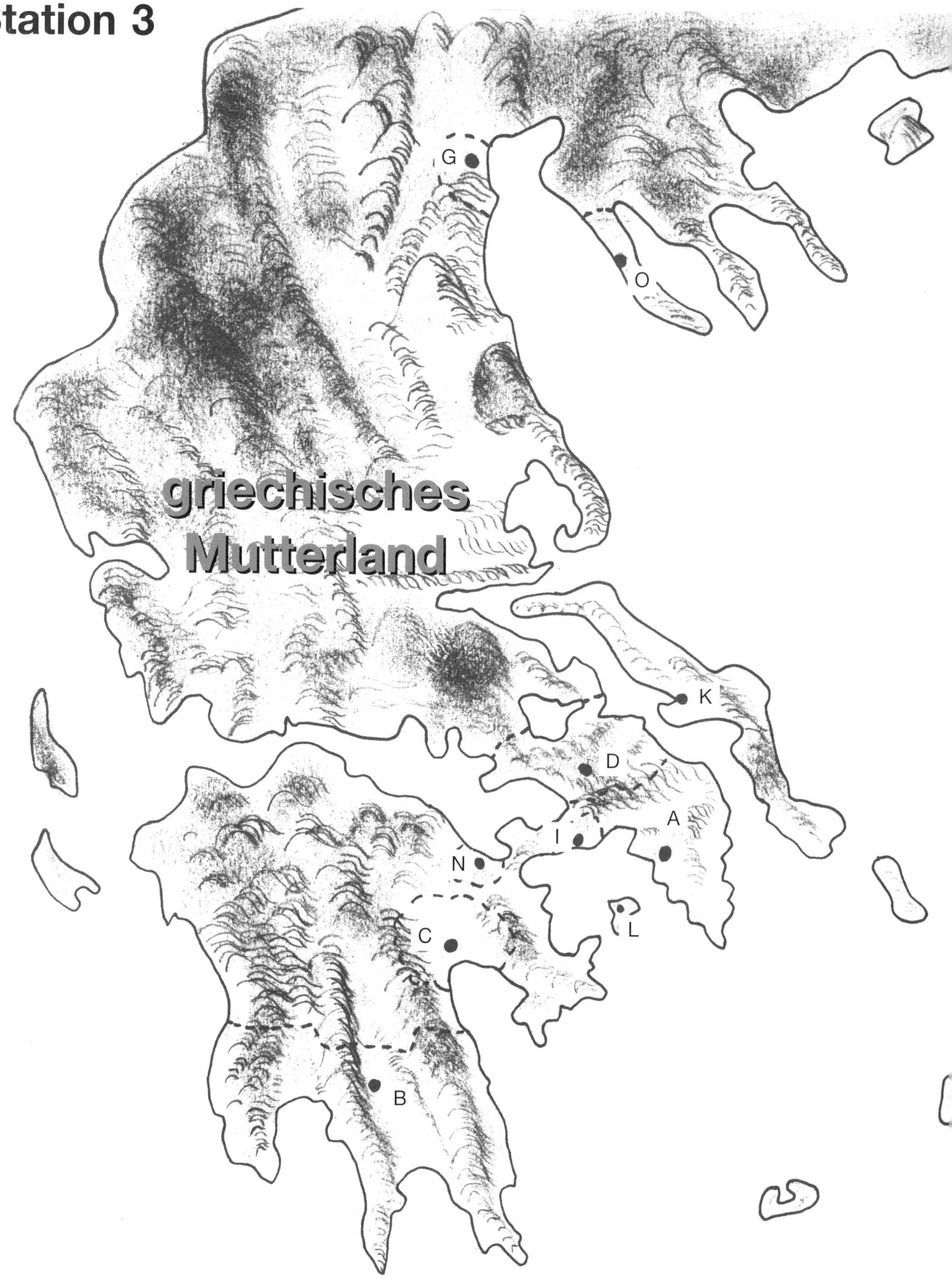

Das alte Griechen

kleinasiatische
griechische Städte
(heute Türkei)
M
H
E
F
J
and

Ergebnisblatt Station 3	Name: ____________________

Die Stadtstaaten des antiken Griechenland

Griechenland wird von hohen Gebirgen durchzogen. Nur in wenigen Beckenlandschaften und in Flusstälern finden Bauern fruchtbares Land. Sonst ist der steinige Boden karg. Reichlich Fische boten dagegen die zerklüftete Küste mit ihren zahlreichen Buchten und die Inseln. So lebten die meisten Griechen am Meer.

Die griechische Welt bestand aus Hunderten von unabhängigen Orten. Eine Stadt und ihre Umgebung bildeten einen sogenannten Stadtstaat. Dieser regierte sich selbst. Die Bürger waren stolz auf ihren Staat und zu den Nachbarstädten hatte man wenig Kontakte. Mit Neid und Furcht betrachtete man die Nachbarn, oft war man verfeindet. Dennoch waren die Griechen durch ihre Sprache und den gemeinsamen Götterglauben verbunden.

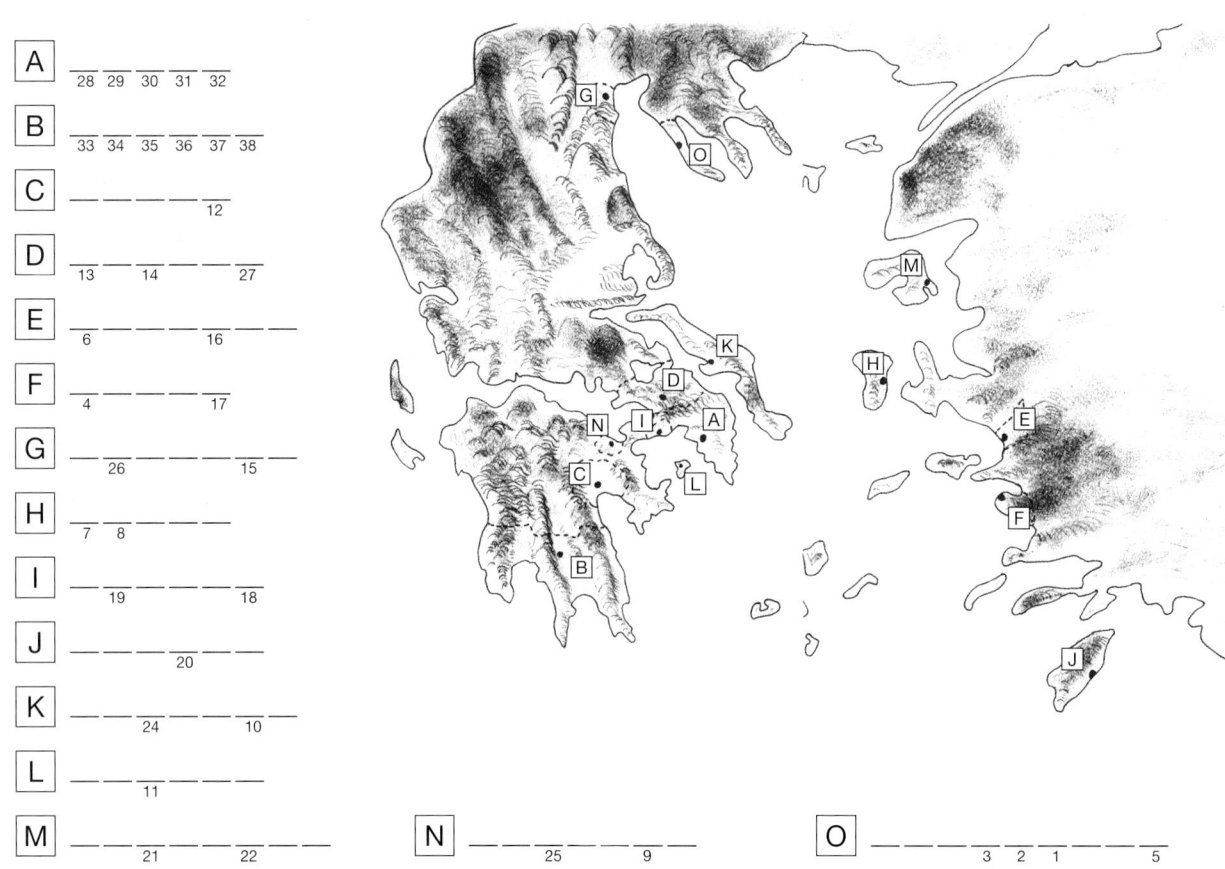

A _ _ _ _ _ (28 29 30 31 32)

B _ _ _ _ _ _ (33 34 35 36 37 38)

C _ _ _ _ _ (12)

D _ _ _ _ _ _ (13 14 27)

E _ _ _ _ _ _ _ (6 16)

F _ _ _ _ _ (4 17)

G _ _ _ _ _ _ _ (26 15)

H _ _ _ _ _ (7 8)

I _ _ _ _ _ _ (19 18)

J _ _ _ _ _ _ (20)

K _ _ _ _ _ _ _ (24 10)

L _ _ _ _ _ _ (11)

M _ _ _ _ _ _ _ _ (21 22)

N _ _ _ _ _ _ _ (25 9)

O _ _ _ _ _ _ _ _ (3 2 1 5)

Lösungssatz

_ _ _ (1 2 3) _ _ _ (4 5,6) _ _ _ _ _ _ _ _ (7,8 9 10 11 12 13 14 15) _ _ _ _ _ _ (16 17 18,19 20 21 22)

W _ _ _ _ (23 24 25 26 27) _ _ _ _ _ (28 29 30 31 32) und _ _ _ _ _ _ (33 34 35 36 37 38).

Jahrzehntelang kämpften sie erbittert um die Vorherrschaft.
Einen großen Staat aller Griechen konnte jedoch keine der Mächte bilden.

Station 4

Athen – geschützt und strahlend

1. Betrachte das Lagebild von Athen genau, denn du sollst es nachbilden!
2. Bemale die Landschaft auf dem Ergebnisblatt!
   - das Meer leicht blau, die Hügel leicht braun und die Flüsse als blauen Strich!
3. Bebaue die Landschaft, indem du das gesamte, mit Mauern geschützte Gebiet ausschneidest und es auf die Landschaft klebst. Achte auf die richtigen Beschriftungen!
4. Informiere dich über die Akropolis und das Dionysos-Theater!
   Setze die Bildchen an ihren richtigen Platz in der Stadt und beschrifte sie richtig!
   Zeichne in die Orte Häuser! Immerhin war Athen dicht bevölkert.
5. Bemale – die Akropolis gelb, damit sie leuchtet!
   – das unbebaute Weideland grün!

Material:

- Informationsblatt
- Ergebnisblatt
- Ausschneideblatt
- Farbstifte, Kleber und Schere

Stationentraining GRIECHENLAND

Name: ______________________

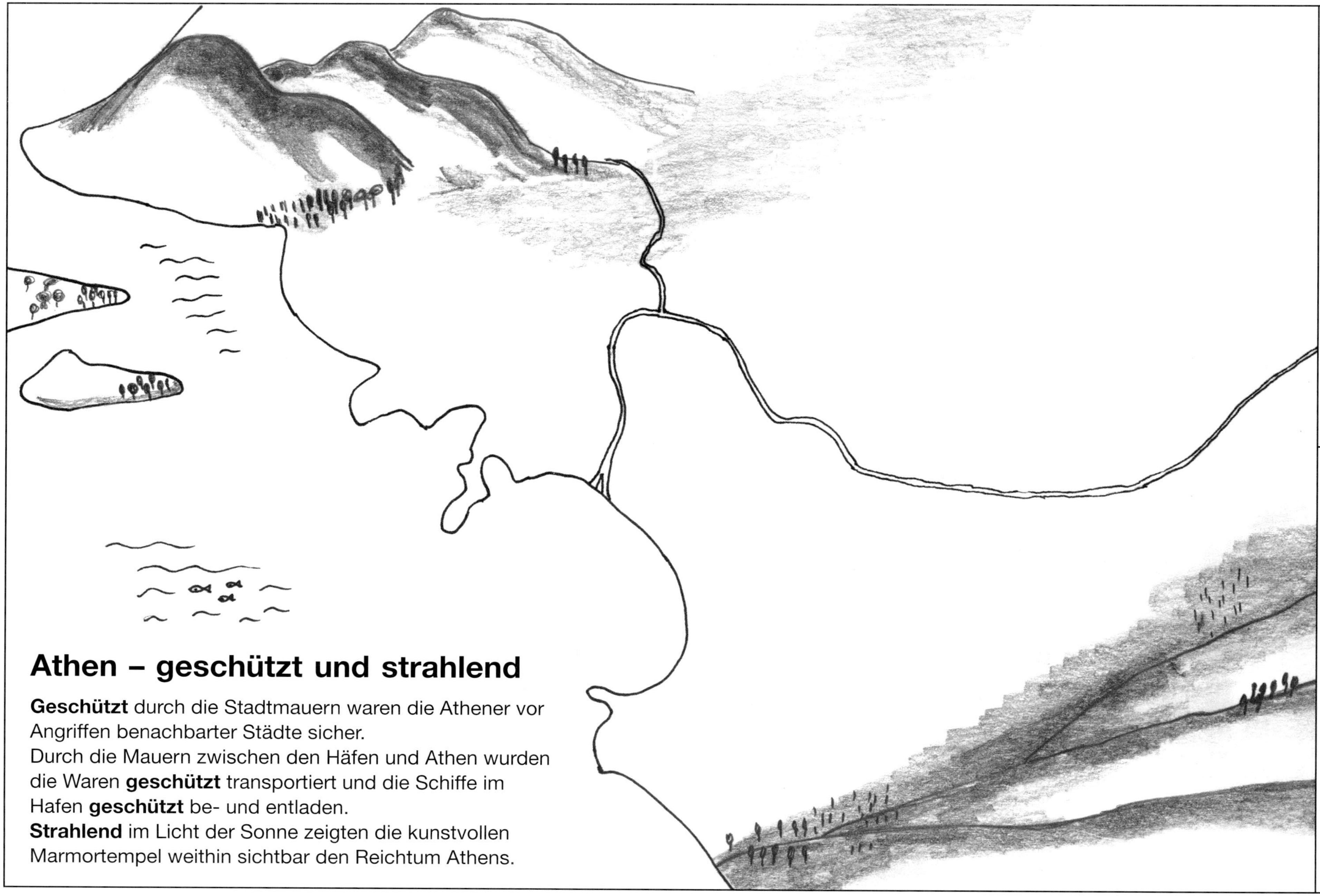

Athen – geschützt und strahlend

Geschützt durch die Stadtmauern waren die Athener vor Angriffen benachbarter Städte sicher.
Durch die Mauern zwischen den Häfen und Athen wurden die Waren **geschützt** transportiert und die Schiffe im Hafen **geschützt** be- und entladen.
Strahlend im Licht der Sonne zeigten die kunstvollen Marmortempel weithin sichtbar den Reichtum Athens.

Blatt zum Ausschneiden **Station 4**

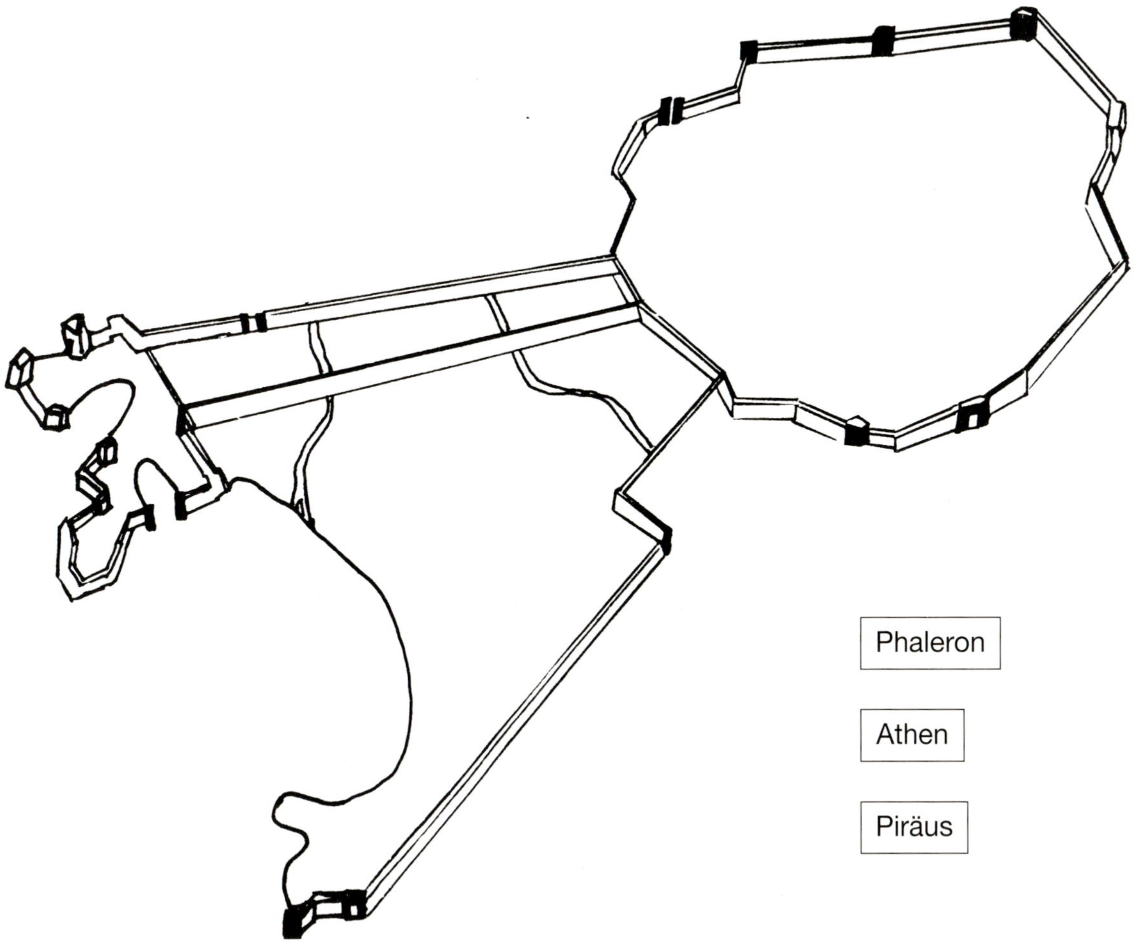

Phaleron

Athen

Piräus

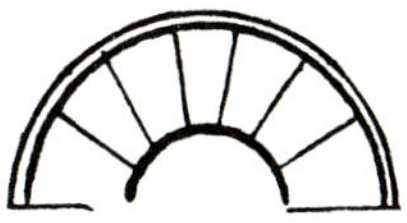

mit Pfeil

Akropolis

Dionysos-Theater

Informationen

Station 4

Die Lage von Athen

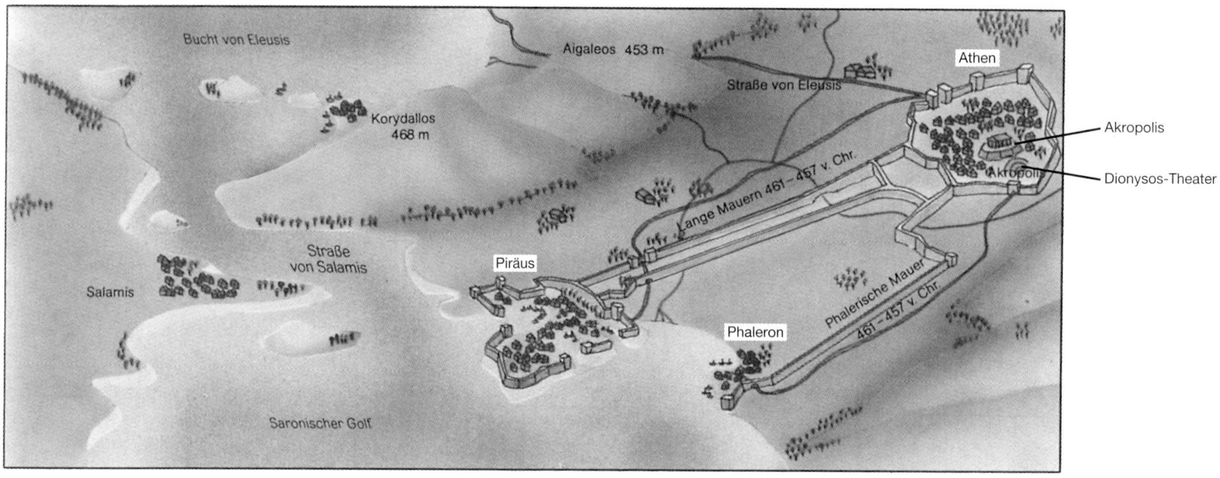

1 Propyläen (Eingangshalle)
2 Standbild der Stadtgöttin Athene
3 Parthenon (Athenetempel)
4 Erechtheion (Erechtheus, Held der frühen Geschichte Athens)
5 Tempel der Göttin Nike

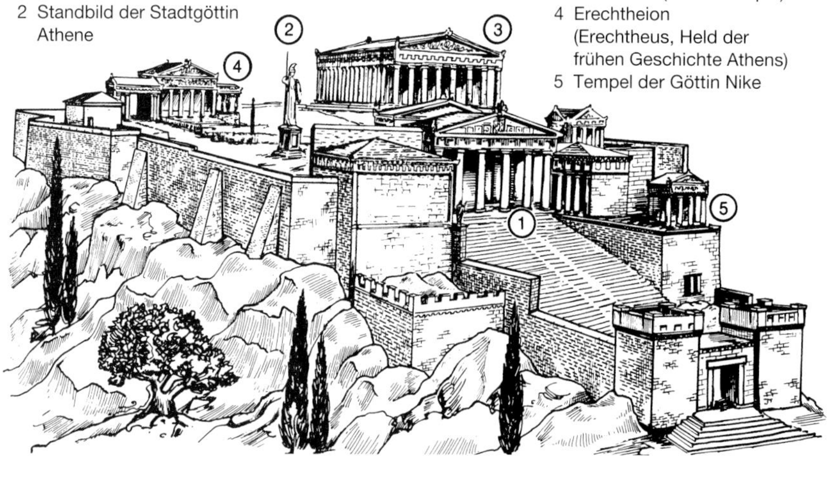

Akropolis

Auf der höchsten Stelle Athens stand die Akropolis. Der größte Tempel, der Parthenon, war Athene geweiht. Sein Marmor leuchtete weithin.

Dionysos-Theater

Das Dionysos-Theater besaß mehr als 10 000 Sitzplätze.

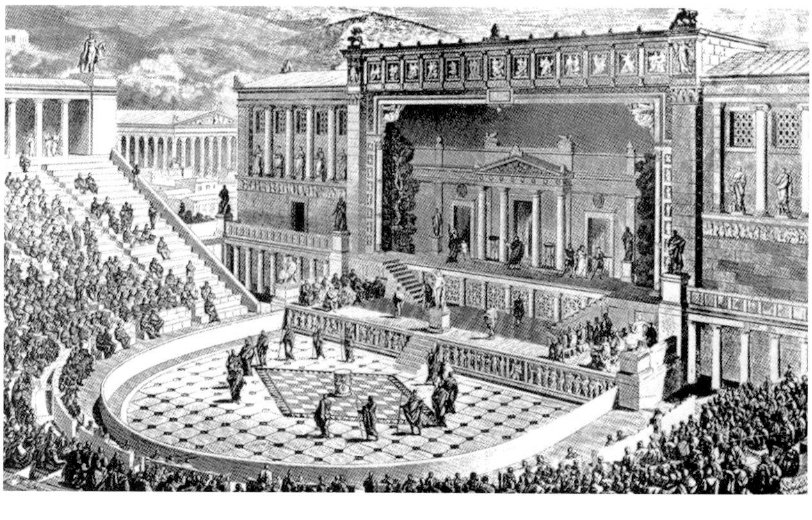

Station 5
Die Einwohner Athens

1. Lies zunächst den Lückentext und die Wortkärtchen! Suche dann den richtigen Platz für die Wörter! Die schwarz unterlegten Buchstaben neben den Wörtern ergeben – von oben nach unten gelesen – den Lösungssatz auf dem Ergebnisblatt.

2. Lege nun dein Ergebnisblatt genau neben den Lückentext! Übertrage die Wörter, indem du sie waagerecht in die Pyramide verschiebst.

Material:

- Lückentext
- Wortkärtchen
- Ergebnisblatt

Stationentraining GRIECHENLAND

Fehlende Wörter für Lückentext und Ergebnisblatt

Station 5

Vornehme **Nur**

Krieger **Bür**

Politiker **ger**

Bauern **be**

Oliven, Wein und Getreide **sti**

Mütter, Frauen und Kinder **mm**

Ausländer **ten**

Schuhe, Ton- und Schmiedearbeiten, Schmuck … **im**

Sklaven **St**

für die Athener **aat**

Lückentext **Station 5**

Die Spitze der Gesellschaft von Athen bildeten etwa 500 ________________.
Den einfachen Soldaten gaben sie als ______________ die Befehle.
Als ______________ versuchten sie mit gebildeten Reden die einfachen Bürger zu überzeugen. Ihr Land verpachteten sie.
Die meisten der 40 000 einfachen Bürger waren ____________. Mit Sklaven bauten sie ______________________________ an.
Die vornehmen und einfachen Bürger entschieden gemeinsam die Politik.

Stets einen Mann zum Vormund hatten 130 000 ________________________________.

Nicht von Athenern stammten 30 000 ________________ ab. Diese wohlhabenden Handwerker erzeugten ____________________ ____.

_____________ waren zu kaufen. 100 000 von ihnen arbeiteten _____________________.

Ergebnisblatt Station 5	Name: ______________________

Die Einwohner Athens

Lösungssatz:

Nur _ _ _ _ _ _

_ _ _ _ _ _ _ _ _ _

_ _   _ _ _ _ _ _.

Vor ____________

waren Kr ____________

und P ____________

Die meisten der 40 000 einfachen Bürger waren

____________. Sie bauten

____

____________________ an.

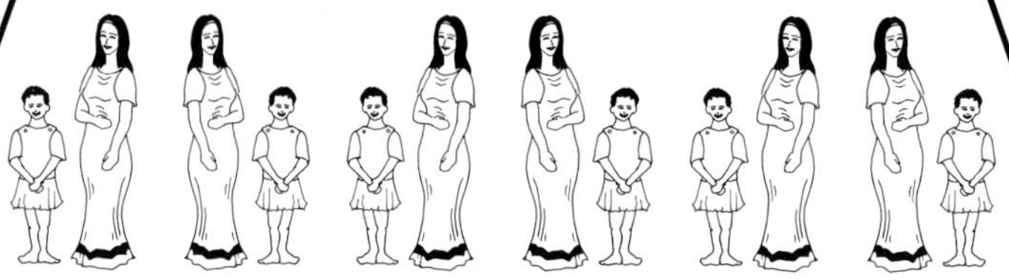

130 000 ____________________

30 000 ____________________

erzeugten ____________________

____

100 000 ____________________

arbeiteten ____________________.

Station 6
Erziehung der Jungen

1. Mit Erlaubnis von Philippos und Dion darfst du ihre Briefe lesen.

   Tipp: Wichtige Informationen sind unterstrichen.
   Hast du gemerkt, mit welchem Buchstaben Dion Probleme hat (10 Fehler!)?

2. Notiere dir auf dem Ergebnisblatt in Sätzen das Wichtigste
   - über die frühe Kindheit!
   - über die Schule bzw. die Ausbildung (Wohnort und -gebäude, Nahrung, Mitbewohner, Schularten, Unterrichtsfächer usw.)!
   - über die Ziele des Unterrichts und der Ausbildung!

   Die rechte Spalte informiert über Dion aus Sparta, die linke über Philippos aus Athen.

3. Löse das Silbenrätsel!

Material:

- Briefe aus Athen und Sparta
- Ergebnisblatt und Füller

Stationentraining
GRIECHENLAND

Brief aus Athen

Station 6

Hallo Dion!

Endlich habe ich jemanden gefunden, der Dir meinen Brief nach Sparta bringt. Seit wir uns bei den Olympischen Spielen getroffen haben, sind nun schon mehr als zwei Monate vergangen. Schade, dass wir uns nicht sehen können. Gerne würde ich mit Dir jeden Tag zusammen sein.
Mein Vater sagt, dass ihr in Sparta gar nicht zur Schule geht.
Stimmt das? Wenn ja, dann habt ihr es gut! Schon im Alter von sieben Jahren werden athenische Jungen jeden Tag zu einem Lehrer gebracht.
Mein Vater sagt immer, ich solle froh sein, dass er mir einen Lehrer bezahlt. Er behauptet, dass viele arme Athener ihren Söhnen keine Bildung bezahlen können. Das stimmt schon, aber langsam habe ich die Bildung satt. Lesen, Schreiben und Rechnen kann ich schon ganz gut und auch ein Musikinstrument spiele ich. Damit bin ich doch ausreichend gebildet, um Land zu verpachten, oder? Besonders gut bin ich im Diskutieren, denn ich kann schnell und clever beim Streitgespräch entgegnen.
Aber ich freue mich auf nächstes Jahr. Nächstes Jahr werde ich 15 Jahre alt und komme endlich ins Gymnasion. Wenn du bei uns im Gymnasion wärst, wäre das toll. Dort haben wir total viel Sport. Mit Dir als Trainingspartner wären wir beide bald reif für Olympia. Aber nicht nur der Sport gefällt mir dort so gut, man kann da auch das Reden lernen. Wenn man eine Rede halten kann, kann man Menschen von seiner Sache überzeugen. Das will ich! Ich will nämlich in der Politik mitreden, wenn in der Volksversammlung entschieden wird.
Von 18 bis 20 Jahren werde ich dann täglich für den Kriegsdienst trainieren, hoffentlich werden wir nie gegeneinander antreten.
Ah, meine Mutter ruft mich. Die Sklaven sind mit dem Kochen fertig, es gibt gebratenes Ziegenfleisch mit Oliven und frisches Brot.
Ich muss los, sonst wird der Vater ärgerlich. Schreibe mir zurück!

Dein Freund Philippos aus Athen

Brief aus Sparta

Station 6

Hallo Philippos!

Dein Brief hat eine lange Reise hinter sich. Zuerst brachte ihn Dein Freund Alexis nämlich nach Hause. Dort erklärte ihm meine Mutter, wo ich lebe und er reiste sogleich hierher. Aber den Brief konnte er mir nicht übergeben. Unsere misstrauischen Erzieher nahmen ihn nämlich fest. Sie glaubten, er sei ein Spion und wole unsere Kriegstechnik ausspionieren. Erst am nächsten Tag war er wieder frei.
Es freut mich sehr, dass Du mir geschrieben hast. In Olympia hatten wir beide wirklich totall viel Spaß. Hier ist es leider nicht allzu lustig, denn ich wohne in einem Trainingslager für Soldaten. Wir Spartaner leben nämlich inmitten unserer Feinde. Unsere zahllreichen Sklaven bedienen uns zwar und bearbeiten unser Land. Jederzeit könnten sie jedoch unsere Vernichtung planen. Bereits mehrmalls haben sie einen Aufstand gegen uns versucht. Wenn sie uns besiegen, töten sie unsere Famillien und verjagen uns. Du siehst, wir leben gefährlich.
Deshalb dürfen wir Jungs nur bis zum siebten Lebensjahr mit den Elltern und Geschwistern auf unseren Landgütern wohnen. Danach werden wir zu hervorragenden Kriegern ausgebildet. Auch unsere Väter müssen stets kriegsbereit sein.
Vom siebten bis zwanzigsten Lebensjahr wohnen wir in Kasernen, Gleichalltrige teillen sich dort ein großes Zellt. Wir trainieren Diskus- und Speerwerfen und marschieren und laufen bei jeder Witterung barfuß. Das Schreiben, Lesen und Rechnen lernen wir, wie Du sicher schon bemerkt hast, nicht so gut. Leider sind die meisten Erzieher streng und es gibt immer schwarze Suppen, damit wir nicht verweichlicht werden. Solch leckeres Ziegenfleisch, wie Du es offenbar jeden Tag bekommst, aß ich zuletzt in Olympia.
Zurzeit mache ich mir große Sorgen um meinen neugeborenen Bruder. Er ist schwächlich. Übernächste Woche muss er vor den Ausschuss der Ällteste n. Dort wird entschieden, ob er am Leben bleiben darf. Hoffentlich!

Ich grüße Dich, Dein Freund Dion aus Sparta

Ergebnisblatt Station 6 | Name: ____________________

Erziehung der Jungen

Philippos aus Athen | **Dion aus Sparta**

Frühe Kindheit:

________________________________ | ________________________________
________________________________ | ________________________________
________________________________ | ________________________________
________________________________ | ________________________________

Schule und Ausbildung:

________________________________ | ________________________________
________________________________ | ________________________________
________________________________ | ________________________________
________________________________ | ________________________________
________________________________ | ________________________________
________________________________ | ________________________________
________________________________ | ________________________________
________________________________ | ________________________________
________________________________ | ________________________________

Ziele des Unterrichts und der Ausbildung:

________________________________ | ________________________________
________________________________ | ________________________________
________________________________ | ________________________________

Silbenrätsel

Skla-schwar-nas-Dis-ion-ve-ze-ku-Gym-Sup-tieren-pe

1. Leibeigener: _ _ _ _ _ _
2. Schulfach in Athen: _ _ _ _ _ _ _ _ _ _ _ _ _
3. Schule in Athen: _ _ _ _ _ _ _ _ _ _ _
4. Mahlzeit in Sparta: _ _ _ _ _ _ _ _ _ _   _ _ _ _ _ _

Station 7

Wie lebten die Mädchen und Frauen?

1. Ordne die ausgeschnittenen Bild- und Textkärtchen des Ausschneideblattes einander zu, ein Text ist ohne Bild!
2. Kontrolliere die Lösung anhand des Lösungsteppichs!
3. Nimm dir das Ergebnisblatt und gestalte es mit den Kärtchen! (Du kannst auch die Rückseite verwenden)
4. Notiere deine Meinung zum Leben der Frauen!
5. Bemale die Bildchen in deiner freien Zeit!

Material:

- Ausschneideblatt
- Lösungsteppich
- Ergebnisblatt
- Schere und Kleber

Stationentraining
GRIECHENLAND

Ausschneideblatt

Station 7

Den Abend verbrachten die Männer bei Trinkfesten. Die Hetären unterhielten sie. Denn sie waren charmant und musikalisch ausgebildet.

A

Den Magen des Mannes zu verwöhnen, galt als wichtige Aufgabe. Die Frau befahl den Sklaven, wie und was diese kochen sollten.

B

Mädchen gingen nicht zur Schule. Sie wurden von ihren Müttern ausgebildet. Ziel war, sie zu perfekten Hausfrauen zu erziehen.

C

Der Mann war der Vormund seiner Frau und bestimmte über Wohnung und Leben der Familie. Ein kränkliches Neugeborenes konnte er ohne die Einwilligung seiner Frau aussetzen.

D

Jeden Tag versammelte sich die Familie vor dem Altar und betete zu den Göttern, bevor die Söhne und Väter das Haus verließen. Die Mädchen und Frauen gingen kaum aus dem Haus, ja man verbot ihnen, aus dem Fenster zu gucken.

E

Wolle spinnen und auf dem Webstuhl weben war die Hauptbeschäftigung langer Tage.

F

1

2

3

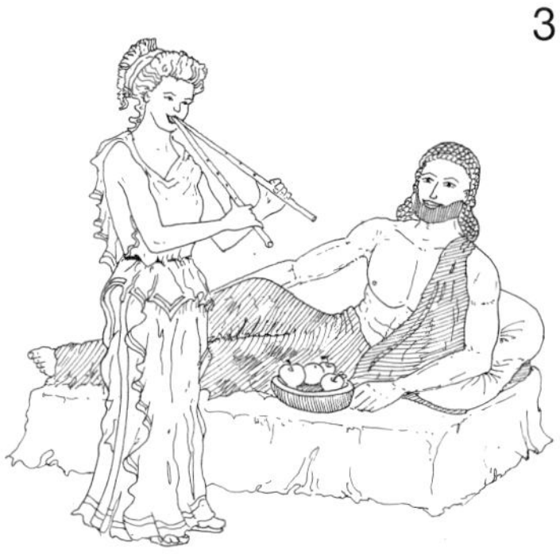

4

5

Ergebnisblatt Station 7 | Name: ____________________

Wie lebten die Mädchen und Frauen?

Meine Meinung: Ich ____________________

____

____

Station 7

LÖSUNGS-TEPPICHROLLE

knicken

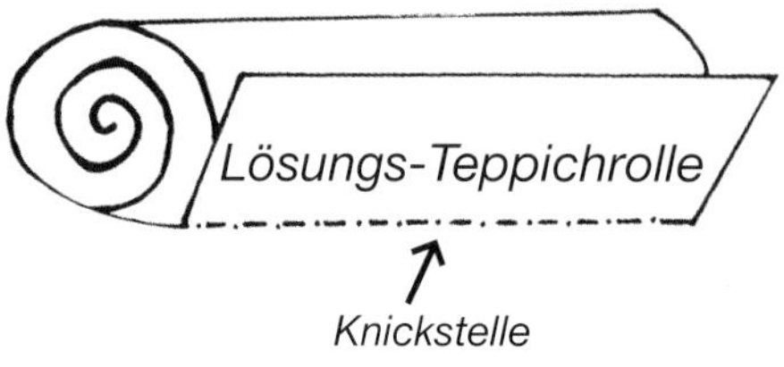

Station 8

Die Demokratie wurde in Athen erfunden

1. Informiere dich in deinem Schulbuch über die Demokratie in Athen!
2. Spiele das Spiel „Demopoly“ mit mindestens drei Mitspielern!
3. Löse das Kreuzworträtsel!

Perikles, Staatsmann und Feldherr

Material:

- Schulbuch
- Demopoly
- Ergebnisblatt

Stationentraining
GRIECHENLAND

Münzbogen

Hinweis an den Lehrer: Bei vier Schülern sollten 12 000 Demos’ zur Verfügung stehen. Dafür müsste die Vorlage dreimal kopiert werden.

Münzbogen

100 DEMOS
100 DEMOS
100 DEMOS
100 DEMOS
100 DEMOS
100 DEMOS
100 DEMOS
100 DEMOS
100 DEMOS
100 DEMOS
100 DEMOS
100 DEMOS
100 DEMOS
100 DEMOS
100 DEMOS
100 DEMOS
100 DEMOS
100 DEMOS
100 DEMOS
100 DEMOS
100 DEMOS
100 DEMOS
100 DEMOS
100 DEMOS
100 DEMOS
100 DEMOS
100 DEMOS
100 DEMOS
100 DEMOS
100 DEMOS
100 DEMOS
100 DEMOS
100 DEMOS
100 DEMOS
100 DEMOS

Ereigniskarten-Bogen 7 und Spielregeln

Die 10 Jahre Exil sind nun bald vorbei und Themistokles kehrt zurück.
Bezahle ihm und seiner Frau je 500 Demos Wiedereingliederungshilfe.

Nachdem du Themistokles öffentlich beschuldigt hast, dass er Athen allein beherrschen will, sind viele deiner Meinung. Wenn 6000 Bürger seinen Namen in ihre Tonscherben ritzen, muss er für 10 Jahre ins Exil. Und du bist schuld daran. Zahle 800 Demos.

Kimon hat dich beschuldigt, dass du Athen beherrschen willst.
Schon Themistokles hättest du ins Exil geschickt. Vielleicht kannst du durch die Zahlung von je 300 Demos an deine Mitspieler die Gefahr für dich abwenden. Du willst nicht 10 Jahre ins Exil.

Spielregeln zu Demopoly

Beginn
Die Figuren beginnen auf dem Startfeld, jeder Spieler erhält 2000 Demos Startgeld. Wir würfeln mit zwei Würfeln. Der Spieler mit der höchsten Gesamtaugenzahl beginnt. Bei Pasch gilt die Gesamtzahl zweimal. Die Ereigniskarten liegen verdeckt auf einem Stapel.

Verlauf
Der Spieler würfelt und rückt seine Gesamtaugenzahl vor. Bei Pasch rückt er zweimal vor und betritt auch zweimal ein Feld. Trifft er auf ein leeres Feld, kommt der nächste Spieler dran.
Trifft er auf eine Komödienmaske, die ihm die Zunge zeigt, betritt er ein **Ereignisfeld:**
- Er nimmt sich die nächste Ereigniskarte vom gemischten Stapel.
- Er liest die Karte laut vor.
- Er befolgt die Anweisungen. Wenn griechische Namen genannt werden, darf der Spieler diese Personen unter seinen Mitspielern auswählen.
- Er legt die Ereigniskarte ab.

Bei Beginn einer neuen Runde erhalten die Spieler 1000 Demos **Demokratenlohn**.

Bank
Entweder tätigt jeder Spieler selbstständig und ehrlich seine Geschäfte mit der Bank oder ein Spieler kann die Bank mitübernehmen.

Ende
nach 15 Minuten oder
wenn der letzte Spieler seine erste Runde gemacht hat oder wenn ein Spieler eine bestimmte Geldsumme erreicht hat oder …
Ein Spieler, der kein Geld besitzt, scheidet aus dem öffentlichen Leben aus.
Sieger ist der reichste Spieler! Er kann mit seinem Geld Einfluss gewinnen, Freunde kaufen, gute Rennpferde kaufen, um in Olympia das Wagenrennen zu gewinnen, den Göttern opfern und vieles andere.

Ereigniskarten-Bogen 1

Station 8

Du bist Bauer und lebst weit entfernt von Athen. Trotzdem nimmst du dir Zeit, um zur Volksversammlung zu gehen.
Auf deine Sklaven kannst du dich nämlich verlassen. Du erhältst von deinen zwei Nachbarn je 100 Demos.

Du bist ein Gebildeter aus Ägypten, leider ein Sklave. Dein Herr schätzt dich sehr und hat von dir schon viel über die ägyptische Heilkunst gelernt. Leider darfst du nicht mitbestimmen im Staat. Bezahle 100 Demos.

Du bist extra von Piräus gekommen, um an der Volksversammlung teilzunehmen. Du erhältst 100 Demos.

Du bist jetzt 20 Jahre alt und darfst zum ersten Mal in die Volksversammlung gehen. Deine Mitspieler gratulieren dir mit je 100 Demos.

Du kommst aus dem nahen Theben, lebst aber seit 28 Jahren in Athen. Bei Salamis hast du mutig gegen die Perser gekämpft, aber in die Volksversammlung darfst du nicht. Gib deinem rechten Nachbarn 100 Demos.

Du bist 60 Jahre alt und heißt Efigenia. Deine Söhne sind heute in der Volksversammlung. Leider darfst du selbst nicht mitentscheiden. Bezahle 100 Demos an die Bank.

Du bist extra von Marathon hergekommen, um an der Volksversammlung teilzunehmen. Du erhältst 100 Demos.

Du bist arbeitslos. Heute gehst du zur Volksversammlung. Dafür bekommst du 200 Demos Tagegeld ausbezahlt.

Du bist Bauer. Heute ist Volksversammlung. Du kannst aber nicht hingehen, weil du deine Sklaven bei der Ernte beaufsichtigen musst. Bezahle zwei Freunden, die sich Zeit nehmen können, 100 Demos.

Ereigniskarten-Bogen 2 Station 8

Du bist die Freundin von Perikles, dem berühmten Feldherrn. Natürlich darfst auch du nicht an der Volksversammlung teilnehmen. Perikles, dein rechter oder linker Nachbar, darf/muss zwölf Felder vorrücken.

Du hast in der Volksversammlung für Cleomedes als Richter gestimmt, weil er dein Freund ist. Dabei weißt du doch, dass er bestechlich ist. Bezahle 300 Demos.

Du bist eine Frau und darfst nicht an der Volksversammlung teilnehmen. Zurück an den Webstuhl und bezahle 100 Demos.

Du bist arbeitslos. Heute gehst du zur Volksversammlung. Dafür bekommst du 200 Demos Tagegeld ausbezahlt.

Du hast dich zum Beamten wählen lassen und du willst deine Sache gut machen. Da du dafür keine Einkünfte erhältst, bekommst du von deiner Runde je 100 Demos zur Belohnung.

Du hast in der Volksversammlung für Cleomedes als Richter gestimmt, weil er dein Freund ist. Dabei weißt du doch, dass er bestechlich ist. Bezahle 300 Demos und gehe 3 Felder zurück.

Perikles hat durchgesetzt, dass für die Teilnahme an der Volksversammlung Tagegeld bezahlt wird. Nun können auch die Armen politisch mitwirken. Du bekommst 200 Demos Tagegeld.

Du hast im Gespräch erreicht, dass dein Freund Phialtes für Frieden mit Sparta gestimmt hat. Du bekommst von ihm 200 Demos. Bestimme Phialtes in eurer Runde.

Du hast in der Volksversammlung für Krieg mit Sparta gestimmt. Und das nur, weil Alexis, dieser Kriegstreiber, mit seiner hervorragenden Rede dich dazu trieb. Bezahle deinen Mitspielern je 100 Demos, denn sie müssen kämpfen.

Ereigniskarten-Bogen 3 Station 8

Du hast mit 1800 Bürgern für den Neubau des Parthenon gestimmt. Das Geld dafür wollt ihr von der Kasse nehmen, die für die Verteidigung gegen die Perser bestimmt ist. Bezahle je 200 Demos an deine griechischen Nachbarn zur Besänftigung.

Du hast für Dinge in der Volksversammlung gestimmt, die nicht gut für das Volk sind. Und warum? Nur weil deine Saufkumpane aus den Symposien daran interessiert waren. Bezahle 300 Demos.

Du hast für Dinge in der Volksversammlung gestimmt, die im Interesse der ärmeren Bürger sind. Sie sind auch entgegen deinen eigenen Interessen. Bravo! Du erhältst je 100 Demos von deinen armen Mitspielern.

Heute geht es um Unwichtiges in der Volksversammlung. Es sind nur **810** Bürger gekommen. Wie viele Bürger müssen dafür stimmen, damit ein Entschluss gefasst wird? Wenn du dies errechnen kannst, bezahlt dir Cleomedes 100 Demos.

Du hast für maßvolle Pachterhöhungen gestimmt. Damit hast du gegen dein Interesse und das deiner Freunde gestimmt. Die Bauern sehen in dir ihren Freund. Sie geben dir je 100 Demos.

Heute geht es um Unwichtiges in der Volksversammlung. Es sind nur **1580** Bürger gekommen. Wie viele Bürger müssen dafür stimmen, damit ein Entschluss gefasst wird? Wenn du dies errechnen kannst, bezahlt dir Alexis 100 Demos.

Du hast für die monatliche Straßenreinigung in den armen Vierteln gestimmt. Die Armen sehen in dir ihren Freund. Deine Freunde geben dir je 100 Demos.

Kleon hielt eine hervorragende Rede gegen den Krieg mit Sparta. Deshalb hast du auch dagegen entschieden. Du erhältst 200 Demos. Gib deinem Mitspieler Kleon 100 Demos ab.

Heute geht es um Unwichtiges in der Volksversammlung. Es sind nur **520** Bürger gekommen. Wie viele Bürger müssen dafür stimmen, damit ein Entschluss gefasst wird? Wenn du dies errechnen kannst, bezahlt dir Philippos 100 Demos.

Ereigniskarten-Bogen 4 — Station 8

Du hast nun wiederholt während der Volksversammlung geschlafen. Bezahle 100 Demos Strafe.

Heute geht es um den Ausbau der Kriegsflotte. Es sind 3870 Bürger gekommen und 3300 stimmten dafür. Du auch! Du bekommst 100 Demos, wenn du sagen kannst, was nun beschlossen wurde.

Heute geht es um den Ausbau der Handelsflotte. Es sind 6387 Bürger gekommen und 4300 stimmten dagegen. Du auch! Du bekommst 100 Demos, wenn du sagen kannst, was nun beschlossen wurde.

Heute geht es um den Ausbau der Mauer zum Hafen Phaleron. Es sind 7870 Bürger gekommen und 4300 stimmten dagegen. Du auch! Du bekommst 100 Demos, wenn du sagen kannst, was nun beschlossen wurde.

Heute geht es um den Bau des Fischmarktes. Es sind 2090 Bürger gekommen und nur 300 stimmten dafür. Du auch! Du bekommst 100 Demos, wenn du sagen kannst, was nun beschlossen wurde.

Heute geht es um Wichtiges in der Volksversammlung. Es sind **5050** Bürger gekommen. Wie viele Bürger müssen dafür stimmen, damit ein Entschluss gefasst wird? Wenn du dies errechnen kannst, bezahlt dir Leonides 100 Demos.

Heute geht es um die Verpflegung der Soldaten auf den Kriegsschiffen. Es sind 890 Bürger gekommen und nur 300 stimmten für gesündere Kost. Du nicht! Du willst wohl am Essen geizen? Du bezahlst 300 Demos.

Heute geht es um neue Hallen auf dem Fleischmarkt. Von 4890 Bürgern stimmten nur 300 für den Neubau. Du hast nicht dafür gestimmt! Hast du die Toten wegen der Durchfälle vom letzten Jahr vergessen? Du bezahlst 400 Demos.

Heute geht es um den Bau der langen Mauern nach Piräus. Es sind 10 870 Bürger gekommen und 7367 stimmten dafür. Du auch! Du bekommst 100 Demos, wenn du sagen kannst, was nun beschlossen wurde.

Ereigniskarten-Bogen 5

Station 8

Du bist Perikles, ein guter Redner und hervorragender Feldherr. Heute hast du eine kluge und vernünftige Rede gehalten. Du erhältst von jedem Mitspieler 100 Demos. Einem armen Bürger erlässt du die 100 Demos.

Heute geht es um Wichtiges in der Volksversammlung. Es sind nur **1880** Bürger gekommen. Wie viele Bürger müssen dafür stimmen, damit ein Entschluss gefasst wird? Wenn du dies errechnen kannst, bezahlt dir Demetrios 100 Demos.

Du bist Perikles, ein guter Redner und hervorragender Feldherr. Heute hast du eine kluge und vernünftige Rede gehalten. Du erhältst von jedem Mitspieler 100 Demos. Einem armen Bürger erlässt du die 100 Demos.

Du bist Nikias, ein begabter Redner. Du wurdest dafür bezahlt, dass du für den Krieg mit Sparta eine flammende Rede hältst. Schäme dich! Bezahle dem Spartaner in eurer Runde 200 Demos.

Heute geht es um Wichtiges in der Volksversammlung. Es sind nur **2010** Bürger gekommen. Wie viele Bürger müssen dafür stimmen, damit ein Entschluss gefasst wird? Wenn du dies errechnen kannst, bezahlt dir Leonides 100 Demos.

Du hast gegen den Besitz von Ziegen und Schafen in der Stadt gestimmt. Woher soll dann die tägliche und gesunde Milch kommen? Deine Mitspieler erhalten je 100 Demos von dir.

Du hast versucht, das Volksgericht zu bestechen. Es misslang dir, weil sich mehrere Bürger nicht bestechen ließen. Zur Strafe bezahlst du 800 Demos in die Staatskasse.

Du hast versucht, das Volksgericht zu bestechen. Es misslang dir, weil sich zwei Bürger nicht bestechen ließen. Zur Strafe bezahlst du 800 Demos in die Staatskasse und einem armen Mitbürger 100 Demos.

Du hast Themistokles beschuldigt, er wolle über Athen Alleinherrscher sein. Dabei weißt du doch, dass solche Gerüchte schnell die Runde machen und das Scherbengericht droht. Dabei bist du nur neidisch auf seinen Ruhm. Bezahle ihm 600 Demos.

Ereigniskarten-Bogen 6 Station 8

Du hast Land von Alexis gepachtet. Um wenig Pacht für das Land zu bezahlen, hast du wieder für ihn als Richter gestimmt. Bezahle 300 Demos.

Du hast Land von Kleon gepachtet. Um wenig Pacht für das Land zu bezahlen, hast du wieder für ihn als Ratsmitglied gestimmt. Bezahle 300 Demos.

Du hast Land von Philippos gepachtet. Um wenig Pacht für das Land zu bezahlen, hast du wieder für ihn als Feldherr gestimmt. Bezahle 300 Demos.

Nachdem du Themistokles öffentlich beschuldigt hast, dass er Athen allein beherrschen will, tagte gestern das Scherbengericht. 7255 Bürger ritzten seinen Namen auf ihre Scherben. Damit muss er für 10 Jahre ins Ausland. Zahle ihm 1000 Demos.

Du hast Land von Solon gepachtet. Du weißt, dass er deine Pacht herabsetzen würde, wenn du für ihn als Ratsmitglied stimmst. Trotzdem hast du nicht für ihn gestimmt. Du erhältst 300 Demos.

Du hast Land von Dimos gepachtet. Du weißt, dass er deine Pacht herabsetzen würde, wenn du für ihn als Ratsmitglied stimmst. Trotzdem hast du es nicht getan. Du erhältst 300 Demos.

Du hast Land von Solon gepachtet. Du weißt, dass er deine Pacht herabsetzen würde, wenn du für ihn als Richter stimmst. Trotzdem hast du nicht für ihn gestimmt. Du erhältst 300 Demos.

Schon der dritte Redner sprach sich für die Vergrößerung des Dionysos-Theaters aus. Jetzt haben sie dich überzeugt, obwohl du es für Geldverschwendung hältst. Bezahle je 100 Demos an die Redner in deiner Runde.

Du bist Perikles, ein guter Redner und hervorragender Feldherr. Heute hast du eine kluge und vernünftige Rede gehalten. Du erhältst von jedem Mitspieler 100 Demos. Einem armen Bürger erlässt du die 100 Demos.

Ergebnisblatt Station 8	Name: ______________________

Die Demokratie wurde in Athen erfunden

Demokratie bedeutet Volksherrschaft

In einem demokratischen Staat bestimmt das Volk und nicht ein König oder ein Alleinherrscher, auch nicht wenige Adelige. Das **ganze** Volk durfte aber weder im Athen des Altertums, noch darf es in den meisten Demokratien der gegenwärtigen Welt mitbestimmen:
Kinder dürfen in den europäischen Demokratien nicht wählen. Es mangelt ihnen am Sachverstand, wird argumentiert. Auch den Frauen wurde lange der fehlende Verstand nachgesagt. Das Wahlrecht verweigert wird den Ausländern, da sie nicht Bürger dieses Landes sind. Lange Zeit musste man, um wählen zu dürfen, ein bestimmtes Vermögen besitzen.
In Athen durften nur die Bürger mitbestimmen, nicht dagegen Frauen, Ausländer, Sklaven und Kinder.
In einem Volk gibt es jedoch immer **verschiedene** Meinungen. Darum:

In einer Demokratie entscheidet die Mehrheit.

Kreuzworträtsel

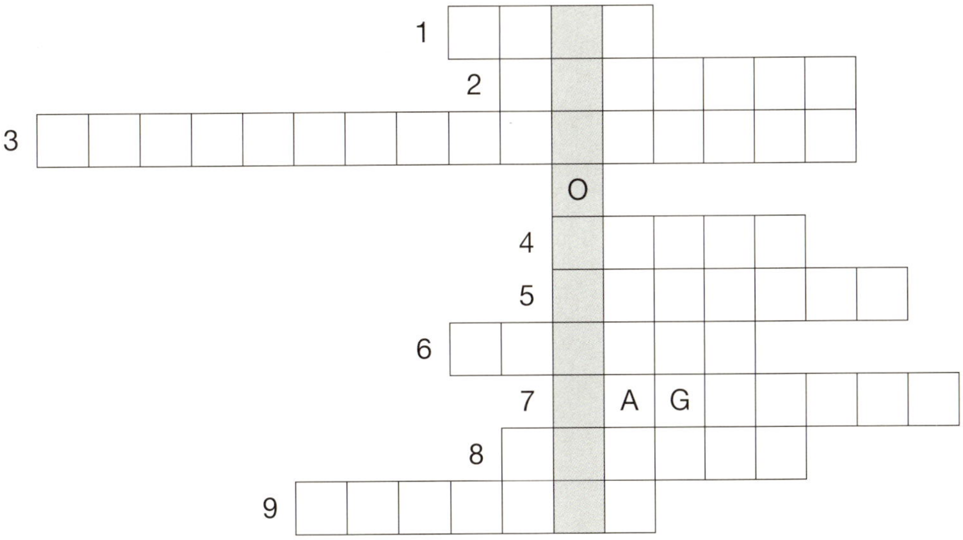

1. Vortrag eines Politikers
2. Regeln für das Zusammenleben im Saat, die man nicht brechen darf
3. Um abzustimmen, gingen die Athener zur …
4. … oder Frieden
5. Beamter, der vor Gericht zu einer Strafe verurteilen darf
6. Kein Mitbestimmungsrecht hatten die … und die Kinder der Bürger.
7. Lohn für die Athener, die zur Volksversammlung kamen
8. kleine und junge Frauen und Männer
9. Nur sie durften in Athen die Politik bestimmen (Ü = UE).

Station 9
Die Anfänge der Wissenschaften

1. Setze die Weltkarte des Hekataios nach der Vorlage auf dem Ergebnisblatt aus den Puzzleteilen wieder zusammen!
2. Mithilfe der Europakarte im Atlas kannst du jetzt das Silbenrätsel lösen!
3. Zeichne nun Pfeile von den Namen Neilos, Istros und Zinn-Inseln zu ihrer Lage in der Karte!
4. Ein „Cleverle“ kann jetzt sicher Fehler auf Hekataios’ Weltkarte finden.

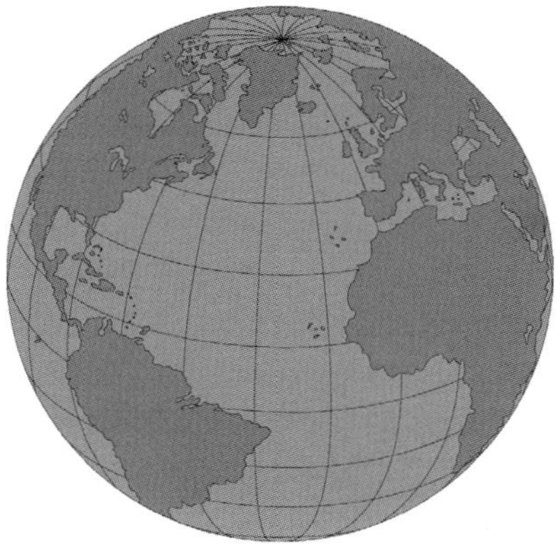

Material:

- Puzzle
- Europakarte bzw. Weltkarte
- Ergebnisblatt

Stationentraining
GRIECHENLAND

Weltkarte für Puzzle

Station 9

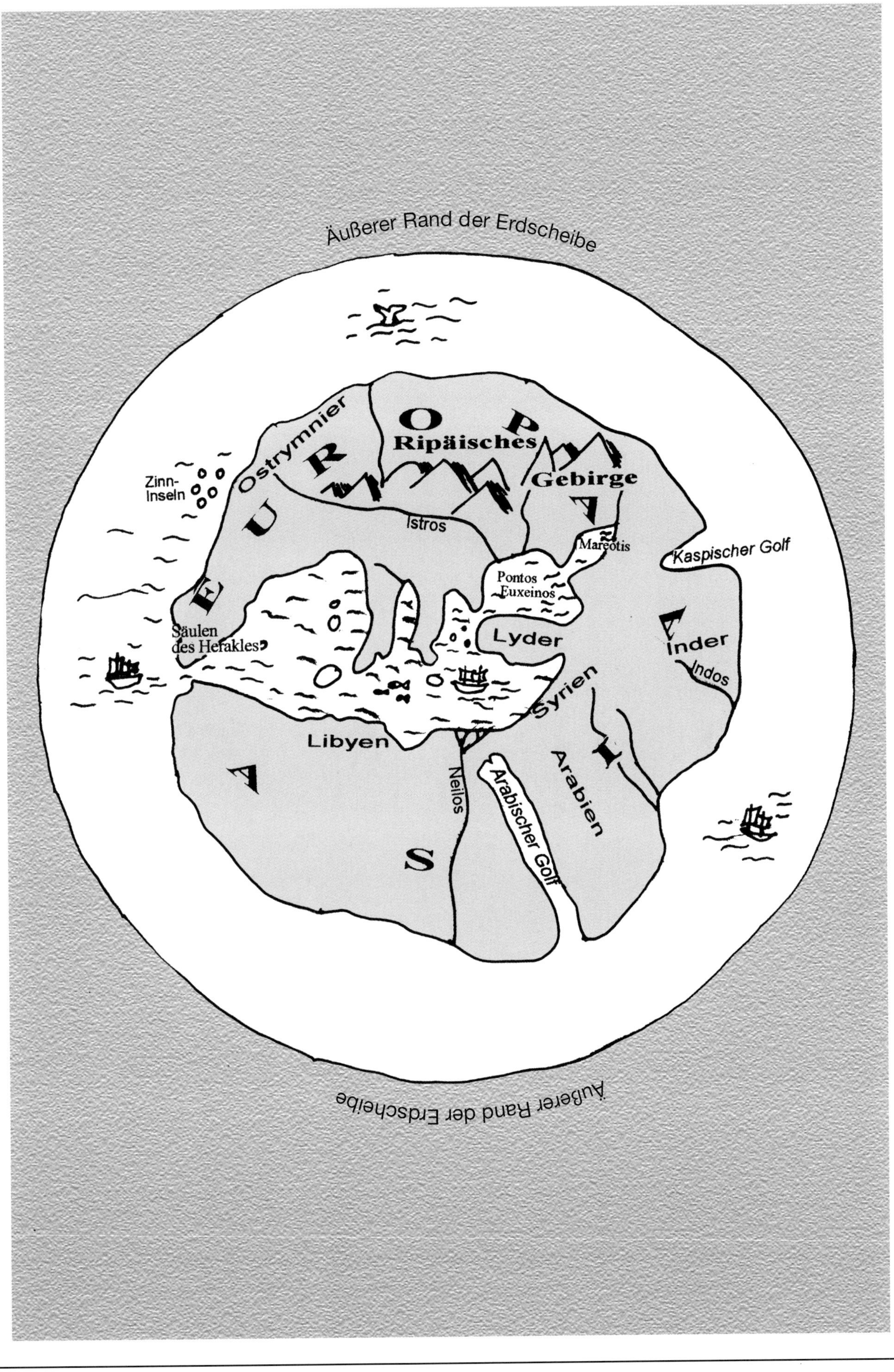

Ergebnisblatt Station 9	Name: ____________

Die Anfänge der Wissenschaften

Ohne selbst jemals zur See gefahren zu sein, zeichnete Hekataios von Milet diese Weltkarte um 500 v. Chr. Die Informationen dafür erhielt er von Seeleuten, die er im Hafen von Milet befragte.

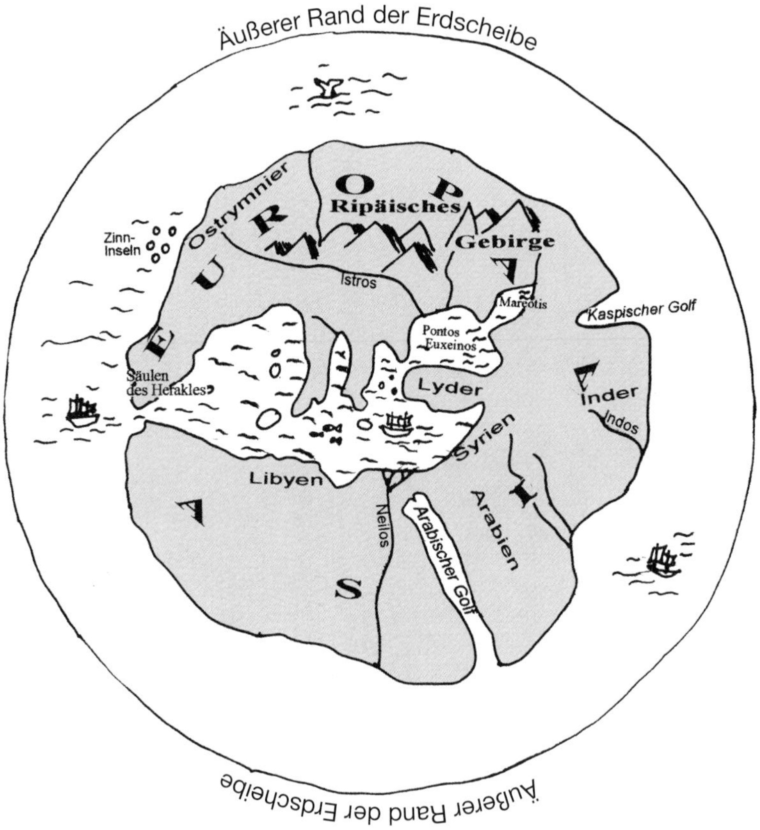

Silbenrätsel

Verwende diese Silben: Bri - hin - Don - I - unt - au - tische - er - Ni - fal - In - len - seln

– Wie heißt der Neilos heute? _ _ _

– Wie heißen die Inseln, die Hekataios als Zinn-Inseln fälschlich so klein einzeichnete? _ _ _ _ _ _ _ _ _ _ _ _ _ _ _ _ _ _ _

– Wie heißt der Istros heute? _ _ _ _ _

– Hekataios meinte, dass ein Schiff, das sich zu weit dem Rand der Erdscheibe nähert, _ _ _ _ _ _ _ _ _ _ _ _ _ _ _ _ _ _ müsste.

Hekataios machte folgende(n) Fehler:

____

____

Station 10

Einigkeit macht stark

Hier wird dein Gedächtnis geprüft.
Etwa sieben neue Informationen kann das menschliche Gehirn auf einmal lernen, wenn man gut ist. Zahlen und unbekannte Wörter erschweren das Lernen. Informationen, die miteinander verknüpft sind wie in einer Geschichte, sind leichter aufzunehmen. Der Text hier bietet dir Schwieriges und Leichtes:

1. Lies den Text ein- oder zweimal aufmerksam durch!
2. Kreuze auf der Prüfe-dein-Gedächtnis-Karte mit dem Folienstift die richtige Antwort an!
   Die Kontrollfolie zeigt dir, ob du Recht hast.
   Welche Note hast du? Sieben richtige Antworten ist Note 1, sechs richtige ist Note 2 usw.
3. Fülle die Lücken des Ergebnisblatt-Textes mit den Antworten! Je ein Buchstabe auf einen Strich.

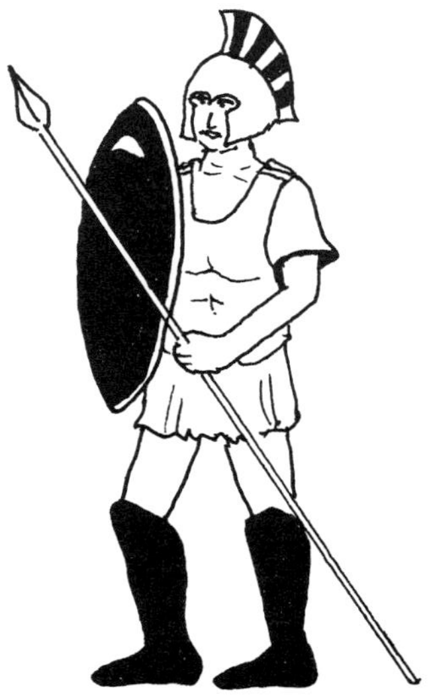

Material:
- zweiseitiger Text
- Prüfe-dein-Gedächtnis-Karte
- Folienstift
- Kontrollfolie
- Ergebnisblatt

Stationentraining
GRIECHENLAND

Text Station 10

Einigkeit macht stark

Die Perser

Innerhalb von wenigen Jahrzehnten war in unmittelbarer Nachbarschaft zu Griechenland ein Weltreich entstanden – das Reich der Perser. Ihr Großkönig Dareios herrschte über viele Völker und besaß unermessliche Goldschätze. Das Reich reichte von Indien und Persien bis Ägypten, und schließlich wurde auch Kleinasien erobert. Der Großkönig forderte jetzt von Milet und anderen griechischen Städten Unterwerfung. Sie mussten Steuern bezahlen, Schiffe und Soldaten zur Verfügung stellen und verloren ihre Selbstständigkeit. Deshalb begannen sie 500 v. Chr. einen Aufstand gegen Dareios. 20 Schiffe aus Athen unterstützten den Kampf, der zuerst erfolgreich verlief. Als aber das Heer des Königs, die „10 000 Unsterblichen“, eintraf, scheiterte der Aufstand. Milet wurde zur Strafe völlig zerstört, seine Bewohner wurden als Sklaven verkauft. Dareios aber schwor den Athenern Rache.

Athen gegen die Perser

Wenige Jahre später drang ein gewaltiges persisches Heer in Griechenland ein und die meisten griechischen Städte unterwarfen sich – außer Athen und Sparta. Nun drohte Athen Zerstörung und den Athenern die Sklaverei. Bei Marathon, 42 km entfernt von Athen, kam es zum Kampf. In voller Ausrüstung stürmten 10 000 Athener wild entschlossen die Hügel hinab gegen mehr als doppelt so viele Feinde. Nach zähem Kampf flohen die Perser. Die Nachricht vom Sieg wurde Athen durch den ersten Marathonläufer überbracht. Er soll anschließend tot zusammengebrochen sein. Die Spartaner kamen erst nach dem Kampf an.
Der Marathonlauf ist heute eine olympische Disziplin.

Text **Station 10**

Die Griechen gemeinsam gegen die Perser

Ein neuer persischer Angriff stand bevor. Ganz Griechenland wusste, was ihm drohte, und die Griechen erkannten, dass sie nur durch Einigkeit ihre Freiheit erhalten konnten. Deshalb gingen die Städte Bündnisse ein, selbst Athen und Sparta standen zusammen. Athen rüstete auf und baute eine Flotte. Zehn Jahre später erreichte ein weit größeres persisches Heer Griechenland. Gemeinsam traten die Griechen dem neuen Großkönig Xerxes, dem Sohn von Dareios, entgegen: 300 Spartaner unter ihrem Feldherr Leonidas wurden von 700 Verbündeten unterstützt. Auf einem schmalen Bergpass hielten sie die Stellung, bis ihr letzter Mann gefallen war. Danach konnte das persische Landheer ganz Griechenland besetzen und Athen brannte. Auf der Insel Salamis versteckt sahen die Frauen, Kinder und Alten weinend die Feuer. Den Athenern gelang es jedoch, die persische Flotte in eine enge Meeresdurchfahrt zu locken. Dort waren die schwerfälligen persischen Schiffe kaum manövrierfähig. Die schnellen, wendigen Ruderschiffe der Athener bohrten mit ihren eisernen Schiffsschnäbeln den feindlichen Schiffen Lecks, fuhren ihnen die Ruder ab und steckten sie in Brand. Das Meer war zuletzt über und über mit Leichen bedeckt.
Schließlich wurde auch das persische Landheer von den vereinigten Griechen unter dem Befehl eines spartanischen Feldherrn besiegt. Damit blieb Griechenland frei.

Die Griechen gegeneinander

Die Einigkeit der Griechen blieb bald auf der Strecke. Athen fühlte sich als Hauptsieger über die Perser, zeigte sich überheblich und wollte als Seemacht über die anderen griechischen Städte herrschen. Die Landmacht Sparta blickte mit Neid und Misstrauen auf das reiche Athen. So häuften sich die kriegerischen Auseinandersetzungen und nach wenigen Jahrzehnten hatte sich das hochzivilisierte Griechenland selbst zerstört. Danach kochte wieder jeder griechische Stadtstaat sein eigenes Süppchen.

Kontrollfolie

Station 10

❶ Die persischen Großkönige um 500 v. Chr. hießen

☒

Dareios empfängt einen Steuerpflichtigen.

❷ Die unterworfenen Städte mussten dem Großkönig abgeben:

☒

❸ Zur Unterstützung des Aufstandes schickte Athen nach Milet:

☒

❹ Wegen des Aufstandes wurde Milet

☒

❺ Der etwa 42 km entfernte Ort der ersten Schlacht gegen die Perser heißt

☒

Athenisches Kriegsschiff

Griechischer Krieger

❻ Auf dem Bergpass fochten und starben

☒

❼ Die Schiffe der Athener waren

☒

❽ Denkfrage!
Die Menschen, die heute im Gebiet von Milet leben, sprechen

☒

Prüfe dein Gedächtnis

Station 10

1 Die persischen Großkönige um 500 v. Chr. hießen

- ☐ Darius und Xavier
- ☐ Dareios und Xerxes
- ☐ Markus und Antonius

Dareios empfängt einen Steuerpflichtigen.

2 Die unterworfenen Städte mussten dem Großkönig abgeben:

- ☐ Gold und Silber
- ☐ Die zehn schönsten Frauen der Stadt
- ☐ Steuern, Schiffe und Soldaten

3 Zur Unterstützung des Aufstandes schickte Athen nach Milet:

- ☐ 5 Schiffe und 1000 Athener
- ☐ 10 000 Athener
- ☐ 20 Schiffe

4 Wegen des Aufstandes wurde Milet

- ☐ völlig zerstört und die Mileter wurden versklavt
- ☐ zur Zahlung von noch mehr Abgaben verurteilt
- ☐ zur Hinrichtung der Anführer verurteilt

5 Der etwa 42 km entfernte Ort der ersten Schlacht gegen die Perser heißt

- ☐ Methone
- ☐ Olympia
- ☐ Marathon

Athenisches Kriegsschiff

Griechischer Krieger

6 Auf dem Bergpass fochten und starben

- ☐ 10 000 Athener und ihr Feldherr Leonidas
- ☐ 1000 Spartaner und ihr Feldherr Xerxes
- ☐ 300 Spartaner und ihr Feldherr Leonidas sowie 700 Verbündete

7 Die Schiffe der Athener waren

- ☐ schwerfällig
- ☐ schnell, wendig und mit eisernen Schiffsschnäbeln
- ☐ manövrierunfähig

8 Denkfrage!
Die Menschen, die heute im Gebiet von Milet leben, sprechen

- ☐ griechisch
- ☐ türkisch
- ☐ arabisch

Ergebnisblatt Station 10	Name: ______________________

Einigkeit macht stark

Das Reich der Perser reichte von Indien bis Kleinasien. Ihre Großkönige um 500 v. Chr. hießen
_ _ _ _ _ _ _ _ und _ _ _ _ _ _ _ .
Sie verlangten von Milet _ _ _ _ _ _ _ _,
_ _ _ _ _ _ _ _ und _ _ _ _ _ _ _ _ _ .
Die Mileter begannen einen Aufstand gegen die Perser, dabei wurden sie von Athen mit
_ _ _ _ _ _ _ _ _ _ _ _ unterstützt.
Als die Perser Milet besiegten, wurde die Stadt
_ _
_ _
_ _ _ _ _ _ _ _ _ _ .

Dareios empfängt einen Steuerpflichtigen.

Griechischer Krieger

Nun wollte sich der Großkönig bei Milets Freunden rächen.
Bei _ _ _ _ _ _ _ _ _ , etwa 42 km von Athen entfernt, kämpften 10 000 Athener gegen doppelt so viele Perser und siegten. Der „Marathonlauf“ erinnert daran.
Wenige Jahre darauf griffen die Perser mit einem riesigen Landheer und einer starken Flotte erneut an.
Die Griechen hatten sich aber verbündet. _ _ _
_ _ _ _ _ _ _ _ _ _ _ _ _ _ _ _ _
_ _
_ _ _ _ _ _ _ _ _ _ _ _ _ _ fochten auf einem Bergpass bis zum letzten Mann gegen das Heer der Angreifer.
Die persische Flotte aber wurde in eine Meerenge gelockt, wo die _ _ _ _ _ _ _ en, _ _ _ _ _ _ _ en _ _ _
_ -
_ _ _ _ _ _ _ _ _ ausgerüsteten Schiffe der Athener den Gegnern überlegen waren. Schließlich wurde auch das persische Landheer geschlagen und Griechenland blieb frei.
Bald endete die Einigkeit. Neid und Überheblichkeit führten dazu, dass das hochzivilisierte Griechenland sich selbst zerstörte.

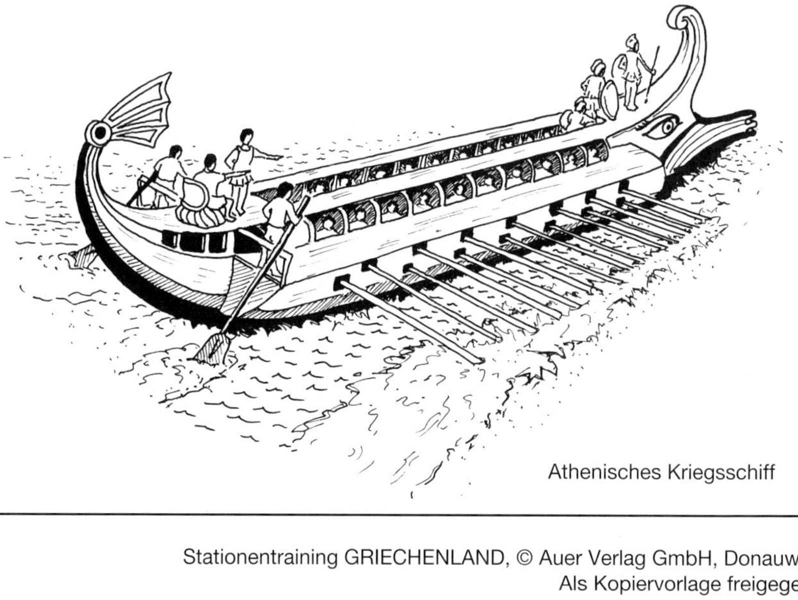

Athenisches Kriegsschiff

Station 11

Griechische Götterbilder auf Tongefäßen

1. Höre dir die Kassette zweimal an!
2. Nimm die Informationskarte „Griechische Götter“ zur Hand und informiere dich über die Götter! Achte besonders auf ihre Merkmale! Zeichne und male dann den Gott und die Göttin, die in dieser Sage erwähnt werden, auf die Tongefäße deines Ergebnisblattes! Notiere ihre Namen!
3. Wie beurteilst du die Ehe des Götterpaares? Du darfst dir vorstellen, dass die Sagen das Leben von sterblichen Griechen widerspiegeln.

Material:

- Kassette, Kassettenrekorder und Kopfhörer
- Informationskarte „Griechische Götter“
- Ergebnisblatt
- Bleistift und Farbstifte

Stationentraining GRIECHENLAND

Informationskarte **Station 11**

Griechische Götter

Zeus: der König der Götter. Er ist der Herr des Himmels und wacht über die Gesetze. Als Wettergott schickt er Donner und Blitz.

Hera: eifersüchtige Gemahlin des Zeus. Sie ist die Beschützerin der Ehe und hasst die Geliebten ihres Gatten.

Apollon: Sohn des Zeus und Gott der Musik, der Dichtung und der Heilkunst.

Artemis: Tochter des Zeus und jungfräuliche Göttin der Jagd und des Mondes.

Athene: dem Kopf des Zeus entsprungen, Göttin der Weisheit (Bücher) und des Krieges.

Dionysos: Sohn des Zeus, Gott des Weines und des Rausches. Seine Verehrer feiern ihn in wilden Gelagen.

Poseidon: Bruder des Zeus und Gott der Meere und der Pferde.

Hades: Beherrscher der düsteren Unterwelt, des Reiches der toten Seelen.

Demeter: Göttin des Korns. Durch ihre Trauer um die tote Tochter wird es Winter, mit der Rückkehr der Tochter aus der Unterwelt hält der Frühling Einzug.

Hestia: Göttin des Hauses und des Herdes.

Aphrodite: Göttin der Schönheit und der Liebe, ist ihrem Gatten Hephaistos nicht immer treu.

Hermes: geflügelter Götterbote. Er ist der Gott der Kaufleute, der Reisenden und der Diebe.

Ares: wütender Kriegsgott.

Hephaistos: Gott der Schmiede.

Ergebnisblatt Station 11 | Name: ____________

Griechische Götterbilder auf Tongefäßen

Die Töpfer Athens waren berühmt. Im gesamten Mittelmeerraum wurden ihre Gefäße gekauft. Die kunstvollen Malereien sagen uns viel über das Leben der Menschen und über ihre Götter.

____

Amphore für Lebensmittel, z. B. Oliven

____

Gefäß zum Mischen von Wein und Wasser

Die Leiden der Jungfrau Io

Inachos, der alte König der Pelasger, hatte eine schöne Tochter mit Namen Io. Auf sie hatte Zeus einen Blick geworfen, als sie auf der Wiese die Herden ihres Vaters hütete. Der Gott wurde von Liebe zu ihr entflammt. Er trat in Menschengestalt vor sie hin und begann sie mit verführerischen Schmeichelworten zu verführen: „Jungfrau, glücklich ist, der dich besitzen wird! Doch ist kein Mensch deiner wert; du verdienst, des höchsten Gottes Braut zu sein! Wisse also, ich bin Zeus. Fliehe nicht vor mir! Die Hitze des Mittags brennt heiß. Komm mit mir in den Schatten des Wäldchens, der uns dort in seine Kühle einlädt. Fürchte dich nicht, den dunklen Wald und die Schluchten, in denen das Wild haust, zu betreten. Ich bin doch da, dich zu beschützen, ich, der Gott des Himmels, der die Blitze über die Erde schickt."

Aber die Jungfrau floh vor dem Verführer und sie wäre ihm entkommen, hätte nicht der Gott seine Macht missbraucht und das ganze Land in dichte Finsternis gehüllt. Plötzlich einfallender Nebel umhüllte die Fliehende, und bald waren ihre Schritte gehemmt von der Furcht, an einen Felsen zu stoßen oder in einen Fluss zu stürzen. So kam die Unglückliche in die Gewalt des Gottes.

Hera, die Göttermutter, war längst an die Treulosigkeit ihres Gatten gewöhnt, der sich den Töchtern der Halbgötter und der Sterblichen zuwandte. Dennoch vermochte sie ihren Zorn und ihre Eifersucht nicht zu bändigen. Mit stets wachem Misstrauen beobachtete sie alle Schritte des Zeus auf der Erde. So schaute sie auch jetzt eben auf die Gegend hernieder, wo ihr Gemahl sich ohne ihr Wissen aufhielt. Zu ihrem großen Erstaunen bemerkte sie plötzlich, wie der heitere Tag an einer Stelle durch nächtlichen Nebel verdunkelt wurde und wie dieser Nebel weder einem Fluss noch dem dunstigen Boden entstieg noch sonst eine natürliche Ursache hatte. Da kam ihr der Verdacht, ihr Gatte könnte ihr wieder untreu sein. Sie suchte ihn im Olymp und fand ihn nicht. So fuhr sie auf einer Wolke zur Erde nieder und gebot dem Nebel, der den Entführer mit seiner Beute umschlossen hielt, zu weichen.

Zeus hatte die Ankunft seiner Gemahlin geahnt. Um seine Geliebte ihrer Rache zu entziehen, verwandelte er die schöne Io schnell in eine schneeweiße Kuh. Hera hatte die List ihres Gatten schnell durchschaut. Sie lobte das stattliche Tier und fragte heuchlerisch, welchem Gott die Kuh gehöre. In seiner Verlegenheit nahm Zeus seine Zuflucht in einer Lüge und erzählte, die Kuh sei eine Kuh der Menschen. Hera gab sich damit zufrieden, aber sie erbat sich das schöne Tier von ihrem Gemahl zum Geschenk. Zeus blieb nun nichts anderes übrig, als ihr das Geschenk zu gewähren.

Hera führte nun das Tier davon. Damit ihr Gemahl die entrissene Geliebte nicht entführen könne, nahm sie das Untier Argus als Wächter. Denn Argus hatte hundert Augen im Kopf, von denen jeweils nur ein Paar sich schloss und ausruhte.

Station 12

Die Olympischen Spiele

1. Lies und betrachte die Quellen- bzw. Bildkarten!
2. Fülle nun die Lücken mithilfe der Karten:

   α) Isokrates gibt dir auf Karte 1 die Antwort.
   β) Notiere dir aus Karte 2 die Gebäude im heiligen Gelände!
   γ) Fülle mit Karte 3 die Lücken: zuerst der Beiname, dann ein Tier und zuletzt das dargestellte Vergehen!
   δ) Benenne die fehlenden Namen der Disziplinen auf den Bildchen mit Hilfe von Pindar auf Karte 4!
   ϵ) In die Aufzählung der heutigen Disziplinen haben sich fünf Fehler eingeschlichen. Streiche sie mit dem Lineal aus!

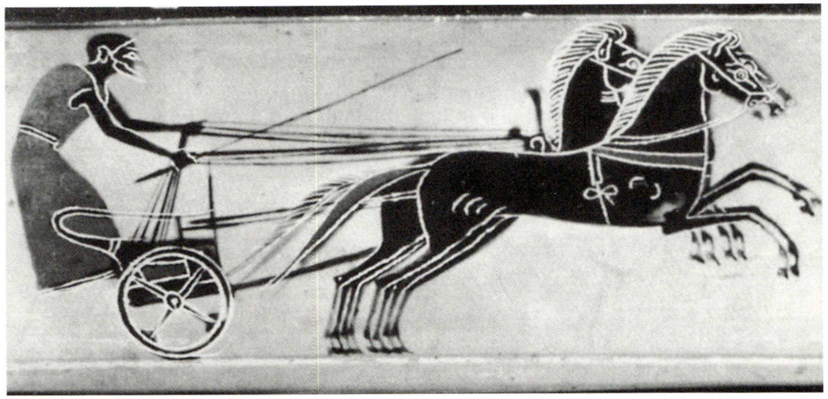

Material:

- Quellen- bzw. Bildkarten
- Füller und Lineal
- Ergebnisblatt

Stationentraining
GRIECHENLAND

Der innere heilige Bezirk von Olympia

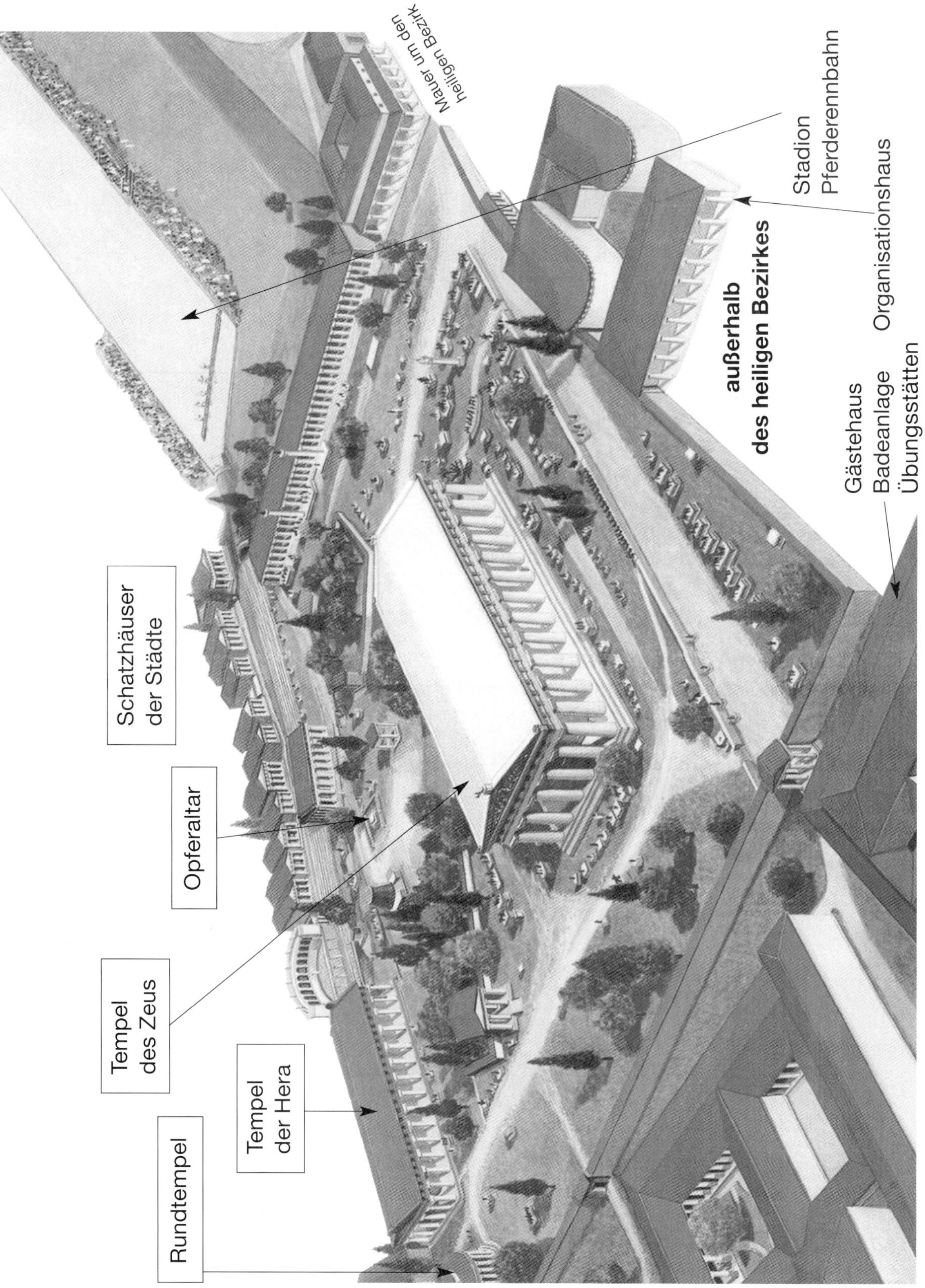

Quellen auf Karten

Station 12

Karte 3, Station 12

Quelle des Schriftstellers Pausanias zum olympischen Eid:

Von allen Zeusbildern ist das im Rathaus am meisten dazu angetan, schlechten Menschen Schrecken einzujagen.
Der dort ausgestellte Zeus hat den Beinamen Eidesschützer und trägt in jeder Hand einen Blitz. Bei diesem Gott müssen die Wettkämpfer, ihre Väter und Brüder und auch die Lehrer über einem Eberopfer schwören, dass sie sich keinerlei Vergehen gegen die olympischen Kampfregeln wollen zu schulden kommen lassen …

Bildquelle
Der Allkämpfer versucht dem Gegner die Augen auszudrücken. Der Kampfrichter schreitet gegen das Foul mit seinem Stock ein.

Karte 1, Station 12

Quelle des Isokrates, eines Gelehrten aus Athen:

… Unseren Vorfahren verdanken wir es, dass wir uns alle an einem Ort versammeln, nachdem wir einen Waffenstillstand geschlossen und alle Feindseligkeiten eingestellt haben. Während des Festes bringen wir gemeinsam unsere Opfer dar, verrichten gemeinsame Gebete und werden uns dabei unseres gemeinsamen Ursprungs bewusst …

Karte 4, Station 12

Quelle des Pindar, worin er die Sieger pries:

Wer hat sich den Kranz, den frischen, gewonnen
Mit Händen und Füßen und Wagen? …
Im Wettlauf (Laufen) der Beste war Oionos, …
Der mit eilendem Fuß
Die gerade Bahn durchmaß. Er war mit vielem
Gefolge gekommen aus Midea.
Im Ringen (Ringen) machte Echemos berühmt
Tegea, seine Stadt. Durch die Faust (Faustkampf)
Kam Doryklos zum Preise aus Tiryns.
Es siegte Samos
Aus Mantineia im Viergespann (Wagenrennen).
Den Wurfspieß (Speer) hat Phrastor geschossen zum Ziel.
Im Kreise ließ Nikeos den Wurfstein (Diskus) wirbeln
Und weit über alle andern sausen.
Und ringsum erhob die Kampfgenossenschaft
Gedröhn und Lärmen.

Ergebnisblatt Station 12	Name: ______________________

Die Olympischen Spiele

α) Seit 776 v. Chr. veranstaltete die Stadt Elis die Olympischen Spiele. Diese religiösen Feste fanden alle vier Jahre im gewaltigen Tempelbezirk in Olympia zu Ehren des Göttervaters Zeus statt. Sie dauerten fünf Tage. Um die gefahrlose Hin- und Rückreise der Teilnehmer zu sichern, mussten laut Isokrates die kämpfenden Griechen ______________________

____

____.

β) Die sportlichen Wettkämpfe bestanden ursprünglich nur aus einem Wettlauf über eine Stadionlänge (192 m). Die Sportanlagen waren um das geweihte Gelände herum angeordnet. Im inneren heiligen Viereck befanden sich der ______________________

____

____.

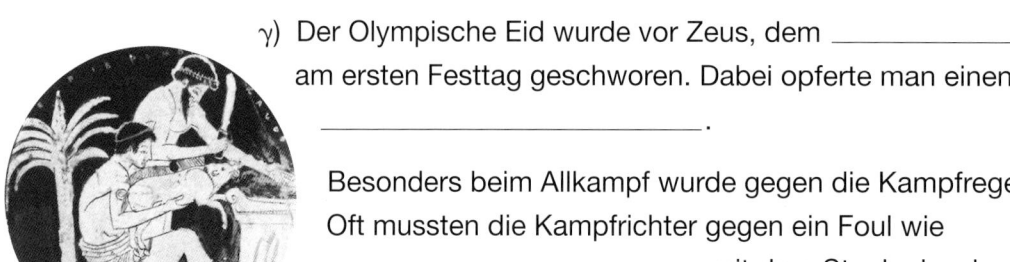

γ) Der Olympische Eid wurde vor Zeus, dem ______________________, am ersten Festtag geschworen. Dabei opferte man einen

______________________.

Besonders beim Allkampf wurde gegen die Kampfregeln verstoßen. Oft mussten die Kampfrichter gegen ein Foul wie

______________________ mit dem Stock einschreiten.

Auch heute verstoßen Athleten gegen Regeln.

Neuer Dopingfall!

δ) Bald gewannen die sportlichen Kämpfe an Bedeutung und es kamen neue Disziplinen hinzu, z. B. der Fünfkampf (das Bild für die Disziplin „Laufen“ fehlt):

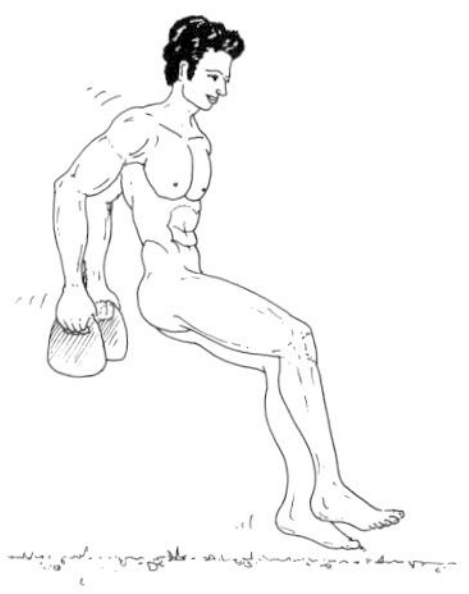

Weitsprung

____

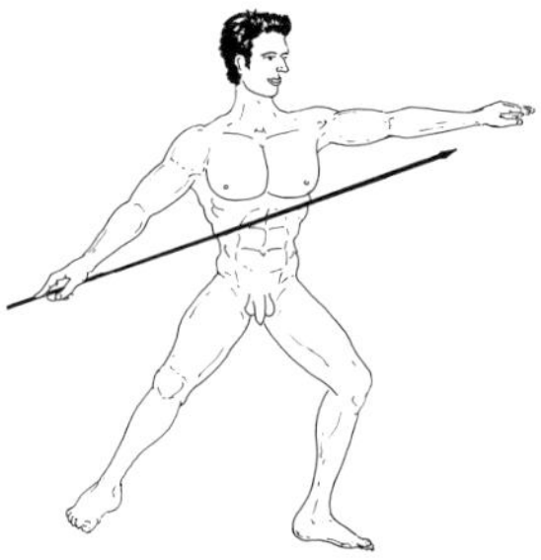

____

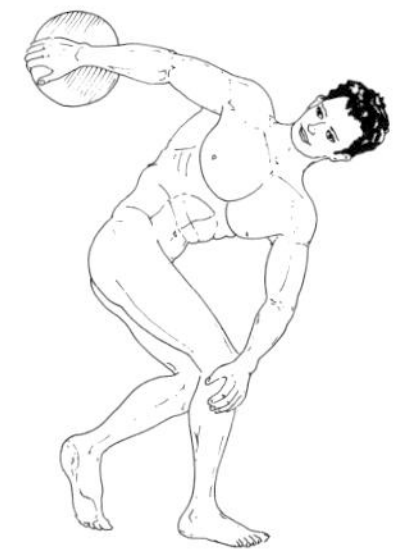

____

Heutige Disziplinen sind Rudern, Fechten, Badeentenschwimmen, Segeln, Boxen, Rückwärtslauf, Ringen, Reiten, Babytragen, Sportschießen, Judo, Autorennen, Schwimmen, Radsport, Bungee-Jumping, …

ϵ) Die Sieger – es gab keine Medaillen wie heute – wurden nur mit einem Ölbaumkranz im Haar ausgezeichnet, in ihren Städten aber wurden sie reich belohnt.

Station 13

Olivenanbau – im Altertum und heute

1. Zeichne die Wurzeln des Baumes ein! Wurzeln verästeln genauso wie Äste und Zweige.
2. Finde treffende Überschriften für die drei abgebildeten Tätigkeiten!
3. Fülle die beiden Lücken! Hättest du gedacht, dass die Türkei mit 1 Mio. t Oliven das viertgrößte Erzeugerland ist?

Olivenhain

Material:

- Textkarte und Bildkarten 1 und 2
- Ergebnisblatt
- Bleistift und Füller

Stationentraining GRIECHENLAND

Informationskarten **Station 13**

Textkarte Station 13	**Der Olivenbaum besitzt bis zu 6 m tiefe und 12 m vom Stamm entfernte Wurzeln, die den Baum mit Wasser versorgen. Er kann mehrere hundert Jahre alt werden.**

Bildkarte Station 13

1

2

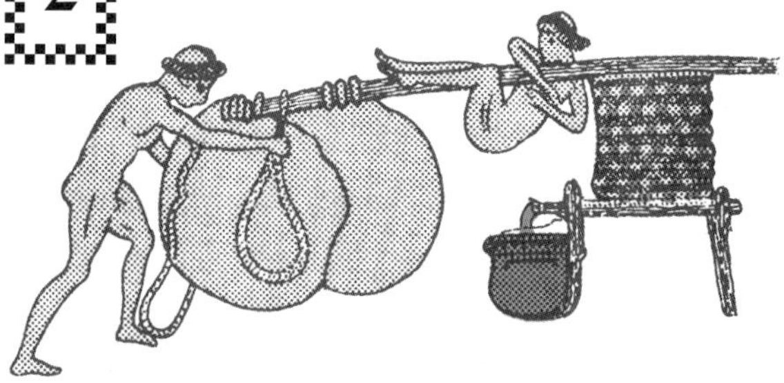

Um aus Oliven Öl zu gewinnen, musste die Frucht mit großer Kraft gepresst werden. Zum Gewicht mit Steinen gefüllter Säcke kam das Gewicht eines Mannes hinzu. So wurde aus vielen Schichten von Oliven das Öl in einen großen Behälter gepresst.

Um das Öl aufzubewahren und zu transportieren, brauchte man große tönerne Gefäße. Die Töpferei wurde bald zur wichtigsten Industrie.

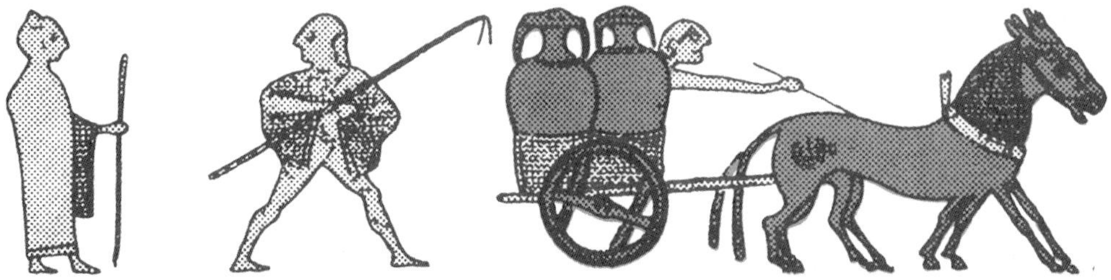

3

Bildkarte Station 13

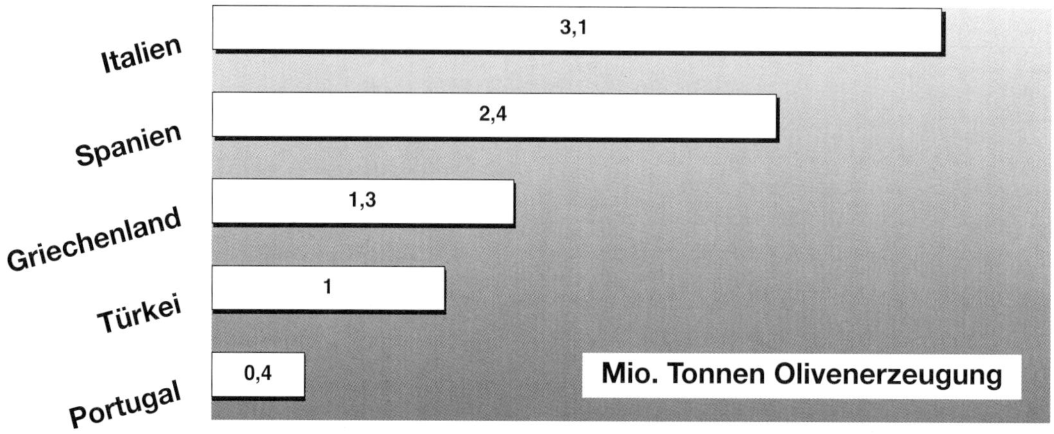

 Name: ____________________

Olivenanbau – im Altertum und heute

Die Landwirtschaft in Griechenland war schon im Altertum mühsam und ist es heute noch. Die Böden sind steinig und uneben, die Humusschicht ist nur dünn. Hinzu kommt das heiße und trockene Klima. Deshalb wurden – und werden – hauptsächlich Oliven und Wein angebaut.

Der Olivenbaum

◄ 8 m
◄ 7 m
◄ 6 m
◄ 5 m
◄ 4 m
◄ 3 m
◄ 2 m
◄ 1 m
◄ 0 m
◄ 1 m tief
◄ 2 m
◄ 3 m
◄ 4 m
◄ 5 m
◄ 6 m

14m 13m 12m 11m 10m 9m 8m 7m 6m 5m 4m 3m 2m 1m 0m 1m 2m 3m 4m 5m 6m 7m 8m 9m 10m 11m 12m 13m

Tätigkeiten

1 ____________________
2 ____________________
3 ____________________

Auch heute noch werden Oliven in Handarbeit geerntet. Gepresst wird allerdings maschinell.
Olivenöl wurde im Altertum ausgeführt, heute ist Griechenland mit ___ Mio. t Oliven das ________ größte Erzeugerland der Welt. Speiseöl und eingelegte Oliven sind begehrt. Aus schlechterer Ölqualität werden Schmieröl, Seife und Salbe hergestellt.

Station 14

Griechenland ist eine Reise wert

1. Gestalte ein Plakat, das für Griechenland als Reiseland wirbt!
   Text und Bilder sollen sich ergänzen.
   Für Griechenland sprechen

- ein mildes Klima, Sonne, Meer, Landschaft, Buchten, Inseln, Unterwasserwelt ...
- Sehenswürdigkeiten, interessante Städte und Dörfer ...
- die Atmosphäre durch die Lebensart der Griechen ...

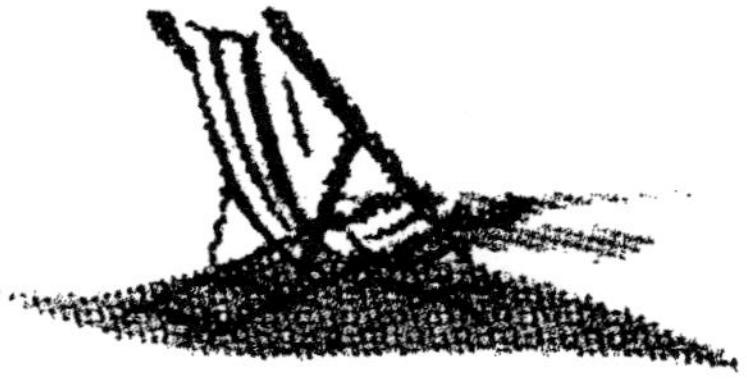

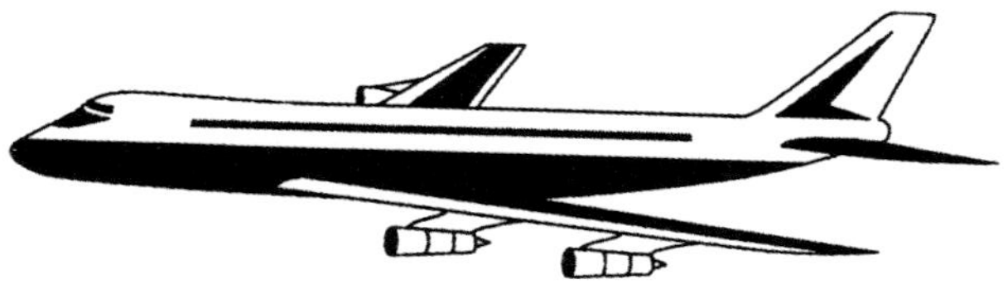

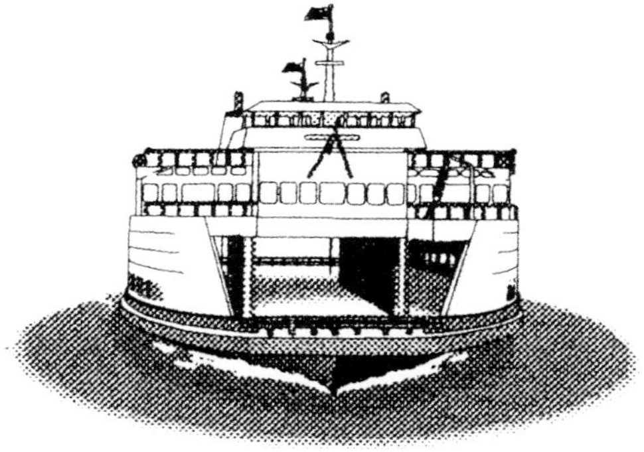

Material:

- Papier für Plakat
- Reisemagazine vom Reisebüro
- dicke Stifte

Stationentraining
GRIECHENLAND

Station 15

Lesestation

Bücher über Griechenland gibt es viele. Ihr könntet euch eine Bücherkiste aus der Bücherei besorgen. Manche besitzen selbst ein Buch über dieses faszinierende Land. Fragt eure/n Lehrer/in, wann sie/er euch zum Lesen Zeit einräumt.

Und jetzt bitte Ruhe!

Stationentraining
GRIECHENLAND

Lösungen

Station 1:

			1	K	R	E	T	A							
					2	M	I	T	T	E	L	M	E	E	R
					3	A	T	H	E	N					
		4	I	T	A	L	I	E	N						
5	P	E	L	O	P	O	N	N	E	S					
		6	T	U	E	R	K	E	I						

Die Göttin heißt ATHENE.

Station 2: Die ältesten Funde aus Griechenland stammen etwa aus dem Jahr 3000 v. Chr. Von 1600–1200 v. Chr. herrschten Könige in Griechenland. Sie lebten in prächtigen Palästen.

Nach dem Untergang der mykenischen Paläste begann ein dunkles Zeitalter, über das nur wenig bekannt ist.

Ab 800 v. Chr. bildeten sich viele unabhängige Stadtstaaten. Die bedeutendsten Mächte wurden Athen und Sparta. Es begann eine kulturelle Blütezeit, die noch das heutige Wissen beeinflusst. Durch ständige Kriege gegeneinander verloren die großen Mächte Griechenlands um 370 v. Chr. ihre Stärke.

Von 336–323 v. Chr. eroberte Alexander der Große Kleinasien, Ägypten und Persien. Für die Wohlhabenden und Gebildeten dieser Länder galt seitdem die griechische Sprache und Lebensweise als vorbildlich.

Ab 200 v. Chr. wurde Griechenland von den Römern erobert. Die Römer übernahmen das Wissen der Griechen, ihre Götter, die Baukunst usw.

Griechenland wurde später Teil des Oströmischen Reiches. Ab 1400 n. Chr. wurde es lange Zeit von den Türken beherrscht. Heute ist Griechenland wieder ein selbstständiger, demokratischer Staat.

Station 3:

A) Athen	B) Sparta	C) Argos
D) Theben	E) Ephesos	F) Milet
G) Methone	H) Chios	I) Megara
J) Lindos	K) Chalkis	L) Aigina
M) Mytilene	N) Korinth	O) Poteidaia

Lösungssatz

DIE MAECHTIGSTEN STAEDTE WAREN ATHEN UND SPARTA.

Station 5:

Lösungssatz:

Nur B Ü R G E R B E S T I M M T E N I M S T A A T.

Lösungen

zu Station 5:

Vor-
nehme
waren
Krieger
und Politiker
Die meisten der 40 000
einfachen Bürger waren
Bauern. Sie bauten Oliven,
Wein und Getreide an.
130 000 Mütter, Frauen und Kinder
30 000 Ausländer erzeugten Schuhe,
Ton- und Schmiedearbeiten, Schmuck …
100 000 Sklaven arbeiteten für die Athener

Station 6:

Silbenrätsel:

1. *Sklave*
2. *Diskutieren*
3. *Gymnasion*
4. *schwarze Suppe*

Station 7:

1C 2E 3A 4B 5F D

Station 8:

Kreuzworträtsel:

1	R E D E
2	G E S E T Z E
3	V O L K S V E R S A M M L U N G
	O
4	K R I E G
5	R I C H T E R
6	F R A U E N
7	T A G E G E L D
8	K I N D E R
9	B U E R G E R

Lösungswort (senkrecht): DEMOKRATIE

Lösungen

Station 9:
Silbenrätsel

Wie heißt der Neilos heute? *Nil*

Wie heißen die Inseln, die Hekataios als Zinn-Inseln fälschlich so klein einzeichnete?
Britische Inseln

Wie heißt der Istros heute? *Donau*

Hekataios meinte, dass ein Schiff, das sich zu weit dem Rand der Erdscheibe nähert, *hinunterfallen* müsste.

Station 10:
siehe Kontrollfolie

Station 11:
Bilder von Zeus und Hera

Station 12:
α) *einen Waffenstillstand schließen und alle Feindseligkeiten einstellen*
β) *Tempel des Zeus, der Tempel der Hera, ein Rundtempel, ein Opferaltar und Schatzhäuser*
γ) *Eidesschützer; Eber; Augenausdrücken*
δ) *Ringen, Speerwerfen, Diskuswerfen. Der moderne Fünfkampf besteht aus den Disziplinen Reiten, Fechten, Schießen, Schwimmen, Laufen*

Station 13:
Tätigkeiten
1 *Oliven ernten*
2 *Oliven pressen*
3 *Olivenöl aufbewahren und transportieren*

Olivenöl wurde im Altertum ausgeführt, heute ist Griechenland mit *1,3* Mio. t Oliven das *dritt*-größte Erzeugerland der Welt.

Literatur

Stationentraining GRIECHENLAND

Sachbücher

- Bombarde, Odile und Gilbert Houbre: Die Welt entdecken, Wie lebten die Griechen?; Ravensburger Buchverlag 1989
- Carlos, Laurie: Wir spielen Griechen und Römer, Mülheim: Verlag an der Ruhr 2000
- Connolly, Peter: Die Welt des Odysseus, Hamburg: Tessloff Verlag 1986
- Millard, Anne: Bildatlas der alten Kulturen, Augsburg: Weltbild Verlag 1997
- Neurath, Marie: So lebte man in Griechenland, Balve/Westfalen: Engelbert Verlag 1968
- Pearson, Anne: Sehen Staunen Wissen, Das alte Griechenland, Hildesheim: Gerstenberg 1999
- Powell, Anton und Philip Steele: Die griechische Zeitung, Unabhängige Zeitung für das antike Griechenland, Luzern: Sauerländer Verlag 1997
- Powell, Anton: Die Welt der Griechen, Nürnberg/Hamburg: Tessloff Verlag 1988
- Powell, Anton: Die Welt, aus der wir kommen, Das Buch vom Alten Griechenland, Würzburg: Arena Verlag 1990
- Zottmann, Thomas: Verblüffende Rekorde der Griechen, München/Wien: Schneider Verlag 1978

Jugendromane

- Boldrini, Giuliana: Der Löwe von Mykene, Bindlach: Loewe 1973
- Dimopoulos, Dinos: Die kleine Delphine vom Amwrakikos, Berlin: Kinderbuchverlag 1999
- Fühmann, Franz: Androklus und der Löwe, Berlin: Kinderbuchverlag 1999
- Garfield, Leon: Die Götter des Olymp, Wien: Gabriel 1998
- Garfield, Leon: Die Helden von Hellas, Wien: Gabriel 1999
- Grund, Carl Josef: Bis an das Ende der Erde, Bindlach: Loewe 1991
- Heyne, Isolde: Imandra, Bindlach: Loewe 1992
- Ray, Mary: Flucht nach Delphi, 2. Aufl., Stuttgart: Freies Geistesleben 1990
- Reichenstetter, Friedrun: Unter griechischer Sonne, Würzburg: Arena 1986
- Zwierlein-Diehl, Erika: Helena und Xenophon, Mainz: Zabern 2000

Schulbücher und didaktische Materialien

- Baumann, Leonhard (u. a.): Tempora. Geschichtsstunden 5: Entdeckungsreisen in die Vergangenheit, Stuttgart: Ernst Klett Verlag 1986
- Beilner, Helmut (u. a.): Geschichte für die Hauptschule: Schülerarbeitsbuch für die 5. Jahrgangsstufe, Donauwörth: Auer Verlag 1986
- Bernert, Claudia (u. a.): Menschen, Zeiten, Räume 5, Geschichte/ Sozialkunde/Erdkunde, Schulbuch für Hauptschulen in Bayern, Berlin: Cornelsen Verlag 1997
- Heumann, Hans (Hg.): Geschichte für morgen, Arbeitsbuch für bayerische Hauptschulen, 5. Jahrgangsstufe, Frankfurt am Main: Hirschgraben Verlag 1986
- Jahr, Friedrich (u. a.): Menschen in ihrer Zeit, Erinnern und urteilen 1, Stuttgart: Klett 1977

- Kaier, Eugen (Hg.): Grundzüge der Geschichte, Band 1, Von der Urgeschichte bis zum Ende der Völkerwanderungszeit, Frankfurt am Main/Berlin/Bonn: Moritz Diesterweg Verlag 1965
- Nebel, Jürgen (u. a.): Durchblick, Geschichte/Sozialkunde/Erdkunde, Schulbuch für Hauptschulen in Bayern, 5. Jahrgangsstufe, Braunschweig: Westermann Schulbuchverlag 1997
- Schwandner, Josef, Franz Hutterer und Werner Ziebolt: Blick in die Vergangenheit, Geschichte für die 5. Jahrgangsstufe, München: Oldenbourg Verlag 1977
- Schwoshuber, Irmgard: Stationentraining Ägypten, Donauwörth: Auer Verlag 1999
- Steinbügl, Eduard: Geschichte Band I, Altertum, München: Oldenbourg Verlag 1971

Bildnachweis:

S. 11: Santorin: MEV-Verlag

S. 22: Karte aus: Anton Powell: Die Welt der Griechen. Nürnberg, Hamburg 1988, S. 21

S. 27: Blick auf Akropolis, Bavaria-Verlag

S. 30: Die Lage von Athen. Aus: Dr. Hans Heumann: Geschichte für morgen, Ausgabe für Hauptschulen in Bayern, 5. Jahrgangsstufe, © Cornelsen Verlag, Berlin
Dionysos-Theater (Rekonstruktion): Staatsbibliothek Berlin

S. 64: Griechische Götter, © Hachette, Paris

S. 68: Olympia. Aus: Odile Bombarde: Comment vivaint les Grecs, © Gallimard Jeunesse, Paris

Die übrigen Bilder entstammen dem Verlagsarchiv.